Links ein Ohr und rechts ein Ohr

Hüpfspiele, Malspiele, Würfelspiele, Fingerspiele, Wortspiele

Gesammelt und herausgegeben
von
Eva Meinerts

C. Bertelsmann Verlag

Diese Neuausgabe enthält folgende Einzelbände:

Das ist der Daumen
(illustriert von Katharina Maillard)
Ritze ratze fertig ist die Miezekatze
(illustriert von Waltraut und Ottmar Frick)
Aua schreit der Bauer
(illustriert von Margret Rettich)
Schuster Schuster, die Milch kocht über
(illustriert von Margret Rettich)
Nackter Spatz und andere Würfelspiele
(illustriert von Waltraut und Ottmar Frick)

Einband von Rotraud Susanne Berner
Gesamtherstellung Mohndruck Graphische Betriebe GmbH,
Gütersloh
ISBN 3-570-05533-7 · Printed in Germany

Inhalt

Das ist der Daumen

Fingerspiele und Lieder

Allererster Spaß – man stippt jedes Fingerchen des Kindes an:

Das ist der Daumen,
der schüttelt die Pflaumen,
der hebt sie auf,
der trägt sie nach Haus,
und der kleine Schelm ißt sie alle auf.

Der ist ins Wasser gefallen,
der hat ihn herausgezogen,
der hat ihn ins Bett gelegt,
der hat ihn zugedeckt,
und der kleine Schelm da hat ihn wieder aufgeweckt.

Dazu gibt es auch schon kleine Melodien:

Das Kind braucht Hilfe, damit jeder Finger tut, was er soll!

Hier zeigt man einen Finger nach dem andern vor und dreht zum Schluß die ganze Hand fröhlich hin und her:

Und noch eines mit Anstippen:

Der ist in' Busch gegangen,
der hats Häschen gefangen,
der hats heimgebracht,
der hats gebraten,
und der – hats verraten!

Ein andermal stippt man an die einzelnen Teile des Gesichtes:

Kinne Wippchen
Rot Lippchen
Nuppelnäsichen
Augenbrämichen
Zupp zupp Härichen.

Diesen Vers kennt bestimmt fast jeder. Man patscht erst ins Händchen und kitzelt dann darin:

Da hast 'nen Taler,
geh auf den Markt,
kauf dir 'ne Kuh,
Kälbchen dazu.
Das Kälbchen hat 'n Schwänzchen –
didel didel dänzchen.

Hier streicht man kreuzweis
über die innere Hand des
Kindes und kribbelt dann:

Sälzchen
Schmälzchen
Butterchen
Brötchen
Krabbelkrabbelkrötchen.

Dieses kleine Lied kann man immer weiterreimen. Es beginnt damit, daß man die Falten der Hand nachzieht und singt:

In manchen Gegenden kennt man es auch so:

Da läuft ein Weglein,
da springt ein Häslein,
der hats geschossen,
der hats gewaschen,
der hats gebraten,
der hat den Tisch gedeckt,
und der kleine Schelm hat den Teller ausgeschleckt.

Man muß also erst die Falten der Hand nachzeichnen und dann die Fingerchen anstippen.

Dies ist eine besonders schwierige und darum besonders schöne Geschichte:

Ringele ringele
kreuzweis
Ellenbogen
Näslein zogen
großer Patsch
kleiner Patsch
kribbele krabbele krabbele.

Man zeichnet mit dem Zeigefinger erst zwei Ringlein, dann ein Kreuz in die offene Hand, legt den Ellenbogen hinein, zupft das Näschen, patscht ins Händchen und kribbelt dann darin.

Manchmal läuft Mutters Hand wie ein Mäuschen den Arm hinauf und will sich in der Halsgrube verstecken und kitzeln:

Da kommt 'ne Maus,
die baut sich ein Haus,
da kommt 'ne Mücke,
die baut sich 'ne Brücke,
da kommt ein kleiner Floh,
der macht – so!

Da kommt der Bär,
der tappt so schwer,
da kommt die Maus
in Hänschens Haus –
da 'nein, da 'nein!

Oder die Hand läuft weiter und zupft am Ohr:

Da kommt die Maus,
da kommt die Maus,
klingelingeling
ist der Herr zu Haus? (oder: die Frau)

Das Lied vom Kuchenbacken darf natürlich nicht fehlen. Dazu klatscht man die Hände zusammen. Wenn man dem Kind anfangs ein bißchen dabei hilft, kann es das bald allein.

Dazu gibt es noch zwei hübsche andere Fassungen:

Backe, backe Kuchen,
der Bäcker hat gerufen,
hat gerufen die ganze Nacht,
Gretchen hat kein Teig gebracht,
kriegt auch keinen Kuchen,
backe, backe Kuchen.

Patsche, patsche Peter,
hinterm Ofen steht er,
flickt sein Schuh und schmiert sein Schuh;
kommt die alte Katz dazu,
frißt die Schuh und frißt die Schmer,
frißt mir alle Teller leer.

Jetzt laufen Mutters Finger über den Tisch ein bißchen bedrohlich immer näher heran:

Er kommt – er geht,
er springt – er steht,
er kriegt 'n, kriegt 'n,
er läuft, läuft, läuft,
er kriegt den kleinen Schelm beim Kopf.

Der komischste Vers ist sicher dieser folgende. Man baut dazu mit dem Kind aus Fäusten einen Turm, der zum Schluß einfällt.

In Leipzig wird ein Turm gebaut
von Buttermilch und Sauerkraut.
Der Turm, der kriegt 'ne Ritze,
da schmiert ein fetter Fritze.
Und endlich wird es gar zu arg,
da fällt der ganze Turm in 'n Quark.

Wenn man einmal ein kleines Geschenk verstecken will, verbirgt man es in einer Faust, setzt die Fäuste abwechselnd übereinander und sagt dazu:

Pinke, pinke, pank,
Schmied ist krank,
wo soll er wohnen,
unten oder oben?

Ich gebe zu, der Vers wirkt ziemlich sinnlos und ist vielleicht verstümmelt überliefert. Trotzdem erfreut er sich als Ratespiel mit kleinen Kindern großer Beliebtheit. Sie müssen sagen, wo sie das Geschenk vermuten, und treffen dann eben manchmal eine leere Hand.

Machen wir auch mal einen Händeberg! Er wird am lustigsten, wenn noch Geschwister mitmachen können. Einer legt seine rechte Hand zuunterst flach auf den Tisch, darauf legen sich alle andern rechten Hände, dann kommt die erste linke Hand und dann die andern linken Hände. Nun zieht der erste die rechte Hand unter dem Berg hervor und legt sie patsch! oben drauf. Wessen rechte Hand jetzt zuunterst liegt, der tut das gleiche, und noch eine Hand wird unten hervorgezogen und oben drauf gelegt und noch eine und noch eine – bis nur noch ein großes Gewusel und Gekrabbel ist.

Wenn nun wieder Ordnung und Ruhe entstehen soll, sagt man:

In unserm Häuschen
sind schrecklich viel Mäuschen.
Sie trippeln und trappeln,
sie zippeln und zappeln,
sie stehlen und naschen,
und will man sie haschen –
husch, sind sie weg!

Dabei laufen die Finger erst wie Mäuschen auf dem Tisch hin und her und verschwinden dann hinter dem Rücken.

Von Friedrich Fröbel, dem großen Kinderfreund, stammen viele Fingerspiele. Er gründete ja vor über hundert Jahren den ersten Kindergarten (auch der Name stammt von ihm und hat dann Eingang in viele Sprachen gefunden).

In seinem Kindergarten sollten die Kinder ihrem Alter gemäß beschäftigt werden – also auch mit Fingerspielen. Dies ist eins von den Fröbelschen Spiel-Liedchen:

Wenn wir die Ellenbogen aufstützen, können die Hände nicht nur Fähnchen sein, sondern auch die Kronen zweier Bäume. Die hängen voller Früchte, und wenn das Kind dann bläst, fällt plumps! alles herunter auf den Tisch:

Das ist ein Apfelbäumchen,
das ist ein Pflaumenbaum.
Sie hängen voller Früchte,
man sieht die Blätter kaum.
Da kommt der Wind geblasen,
huhu, der zaust sie sehr,
hu, das ist nicht zum Spaßen,
er zaust sie immer mehr.
Hu, jetzt wirds immer bunter,
und holterdipolter geschwind
plumpst alles, alles herunter –
schönen Dank, lieber Blasewind!

Wenn das Kind tüchtig pustet, kann sogar ein ganzes Häuschen einfallen. Wir bauen es, indem wir wieder die Ellenbogen aufstützen. Die Hände, gegeneinander geneigt, bilden das Dach.

Mein Häuschen ist nicht ganz grade –
das ist ja schade!
Mein Häuschen ist ein bißchen krumm –
das ist aber dumm!
Bläst der böse Wind hinein, (huu!)
fällt das ganze Häuschen ein.

Große Verwunderung gibt es, wenn zwei Täubchen weggezaubert werden. Man klebt auf die Fingernägel der Zeigefinger je ein Stückchen weißes Papier, z. B. von einem Briefmarkenrand. Dann legt man die Zeigefinger auf die Tischkante und läßt das eine Täubchen wegfliegen, indem man mit der Hand durch die Luft fährt und dann den Mittelfinger auf die Tischkante legt. So verschwindet auch das andere Täubchen. Nun fliegt wieder die eine Hand durch die Luft, und der Zeigefinger mit dem Täubchen setzt sich auf die Tischkante. Dann fliegt das zweite Täubchen herbei. – Die Kinder können die Finger tatsächlich nicht unterscheiden und versuchen immer wieder, hinter das Geheimnis der Tauben zu kommen. Das ist das Verschen dazu:

Es saßen zwei Täubchen auf einem Dach.
Das eine flog weg – das andre flog weg.
Das eine kam wieder – das andre kam wieder.
Da sitzen sie alle beide wieder.

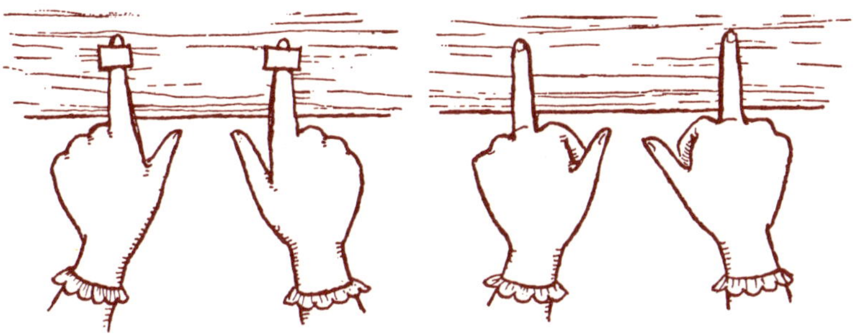

Die Hand kann auch ein Häschen sein. Man reckt Zeige- und Mittelfinger als Ohren in die Höhe und führt Daumen, Ringfinger und kleinen Finger zusammen. Schon kann das Häschen über den Tisch hüpfen. Es rümpft die Nase, wenn man Daumen, Ring- und kleinen Finger etwas öffnet und schließt. Für dieses Häschen ist eine ganze Anzahl Verse erdacht worden.

Ein Häschen kommt gegangen
durch den Wald daher.
Kinder wollen schnell es fangen,
doch es läuft gar sehr.
Sieh, wie's seine Öhrchen spitzet –
ich glaub, es hört etwas,
wie es jetzt schön aufrecht sitzet,
speist sein grünes Gras.
Schau, jetzt rümpfts sein stumpfes Näschen
unser kleines muntres Häschen.
Jetzt sichs ganz daniederkauert,
denn es sieht, der Jäger lauert.
Puff, der Jäger hat geschossen!
Das hats Häschen sehr verdrossen.
Nun ist es davon gesprungen,
Häschens Lied ist ausgesungen.

In der Osterzeit wird aus Daumen, Ringfinger und kleinem Finger manchmal der Bauch des Häschens, in dem sich ein Osterei verbirgt. Dann sagt die Mutter:

Lange Ohren, Schnuppernäschen,
ist das nicht das Osterhäschen?
Hüpf di büpf, hüpf di büpf,
kommt es übers Gras gehüpft.
Ostereier süß und fein
bringts für unser ...?

„Gretelein!" sagt die kleine Grete darauf und sagt:

„Klinker, klunker, klei, lieb Häschen, leg ein Ei!"

Da fällt aus dem Bauch des Häschens wirklich ein Ei, und es muß schnell davonhüpfen, um sich ein neues zu holen.

Friedrich Güll war einer von jenen Männern, die im vorigen Jahrhundert entdeckten, daß Kinder nicht einfach kleine, dumme, unfertige Erwachsene sind, sondern Wesen mit einer ganz eigenen Welt. Für sie schrieb er sein Buch „Kinderheimat", das um die Jahrhundertwende in keiner Kinderstube fehlte. Manche Liedchen daraus sind längst zu Volksliedern geworden. Friedrich Güll hat auch das folgende Kindergedicht erdacht. Versucht einmal, es mit unserm Häschen selbst nachzuspielen. Für das Nest legt man die Hände aneinander und die Daumen als Eier hinein.

Schaut, was sitzt denn dort im Gras?
Ei der Daus, der Has, der Has!
Guckt mit seinem langen Ohr
aus dem grünen Nest hervor,

hüpft mit seinem schnellen Bein
über Stock und über Stein.
Kommt, ihr Kinderlein, und schaut,
wie das Nest er hat gebaut!
Ei wie schön von Gras und Heu
und wie lind von Moos und Spreu!
Laßt mal schaun, was in dem Nest
liegt so kugelrund und fest:
Eier blau und grün und scheckig,
Eier rot und gelb und fleckig.
Häslein in dem grünen Wald,
bin dir gut und dank dir halt.
Häslein mit dem langen Ohr,
dank dir tausendmal davor.

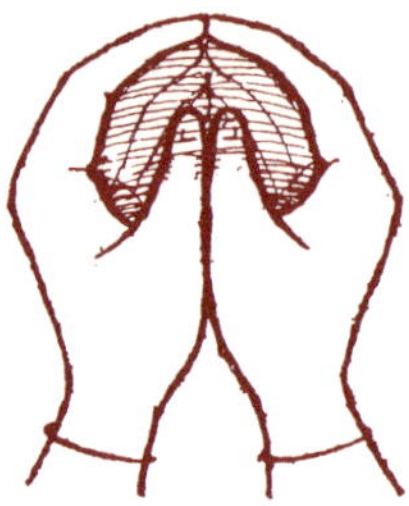

Dieses Nest braucht man auch für
den folgenden Vers von Fröbel.
Zum Schluß schauen die Daumen
als Vöglein über den Nestrand.

In die Hecke auf das Ästchen
baut ein Vogel sich ein Nestchen,
legt hinein zwei Eierlein,
brütet aus zwei Vögelein.
Rufen die Kinder: piep, piep, piep,
Mütterlein, du bist uns lieb.

Noch ein Verschen vom Osterhasen. Er hüpft dabei aber nur zu Anfang über den Tisch, danach werden die Finger vorgezeigt wie bei „Das ist der Daumen".

Fünf Männlein sind in den Wald gegangen,
die wollten den Osterhasen fangen.
Der erste, der war so dick wie ein Faß,
der brummte immer: „Wo ist der Has?"
Der zweite rief: „Sieh da, sieh da!
Da ist er ja, da ist er ja!"
Der dritte war der allerlängste,
doch leider auch der allerbängste,
der fing gleich an zu weinen:
„Ich sehe keinen! Ich sehe keinen!"
Der vierte sagte: „Das ist mir zu dumm,
ich mach nicht mehr mit, ich kehr wieder um!"

Der kleinste aber, der hats gemacht,
der hat den Hasen nach Hause gebracht!
Da haben alle Leute gelacht,
ha, ha, ha, ha, ha!

Erst kommt der Son-nen-kä- fer- pa- pa,
dann kommt die Son- nen- kä-fer-ma-ma,und
hin-ter-drein so klim- per-klein die Son- nen-
kä-fer-kin-der-lein. Sie machen ih-ren Sonn-
tags-gang an un-srer Fen-ster-bank ent-lang.
Sie ma-chen ih-ren Sonn-tags- gang an
un-srer Fen-ster- bank ent- lang.

Das vorangegangene Lied ist in verschiedenen Formen überliefert. Wenn es von der Osterhasenfamilie handelt, sind Mutters Hände der Osterhasenpapa und die Osterhasenmama, und die Kinder lassen ihre Händchen als Osterhasenkinderlein hinterdreinhüpfen. Die Sonnenkäferfamilie krabbelt in derselben Weise über den Tisch, oder es ist nur Mutters Hand, die gemächlich am Arm des Kindes hinaufspaziert und dann in der Halsgrube kitzelt.

Ganz verschiedene Tiere können die Finger darstellen. Fangen wir mit den Hunden an, und wackeln schön mit Daumen und Zeigefinger dabei! Mittelfinger und Ringfinger stehen zuverlässig still, und der kleine Finger darf wieder ein bißchen wackeln.

Fünf Hündchen hat der Franz.
Eins wedelt mit dem Schwanz,
eins, das geht wackel, wackel,
das ist des Fränzchens Dackel.
Eins ist der Spitz, der brave,
der hütet schon die Schafe.
Eins hält in dunkler Nacht
vor unserm Hause Wacht.
Und eins, das ganz, ganz kleine,
führt Fränzchen an der Leine.

Die Schweinegeschichte muß man wahrscheinlich erstmal üben. Sie ist besonders schön und wirkungsvoll, vor allem, wenn die Kinder dabei grunzen und quieken dürfen.

Schweinchen fett und Schweinchen dick
blieben heut allein zurück.
Hinterm Tore warten sie
auf ihr Mahl, satt sind sie nie!
Schweinchen fett und Schweinchen dick
recken sich ein ganzes Stück
an dem Tore in die Höh.
Noch kein Futter da? O weh!
Schweinchen fett und Schweinchen dick
ziehen traurig sich zurück.
Doch da öffnet sich das Tor,
und sie stürzen draus hervor.

Schweinchen fett und Schweinchen dick,
welche Wonne, welches Glück!
Seht, ein voller Trog, aha!
steht mit saftgem Futter da!
Schweinchen fett und Schweinchen dick
in dem nächsten Augenblick
stürzen zu dem Troge hin –
plumps, da liegen beide drin!

Noch ein Vers zum Kribbeln! Man schlägt erst mit den Händen auf die Oberschenkel, klopft dann mit den Ellenbogen oder Fäusten auf den Tisch und läßt schließlich die Finger die Mäuschen sein. Bär und Elefant kommen ganz langsam angetrottet.

Ei wer kommt denn da daher?
Ist das nicht ein brauner Bär?
Oder gar ein Elefant
aus dem schwarzen Mohrenland?
Nein, es ist ein kleines Mäuschen,
und es sucht ein kleines Häuschen.
Ei wo ist es, sag es doch!
Hier ist das kleine, kleine Mauseloch!

Bildet man mit der linken Hand einen Stall, so können alle Tiere – die Finger der rechten Hand – dort Unterschlupf finden:

Linke Hand, die ist der Stall,
die Finger sind die Tiere all.
Dieses dicke Däumelein
ist ein kleines, fettes Schwein.
Zeigefinger ist das Pferd,
ist dem Reiter lieb und wert.
Mittelfinger ist die Kuh,
hört nur, wie sie schreit: muh, muh!
Ringfinger ist der Ziegenbock,
hat 'nen langen Zottelrock.
Und das kleine Fingerlein

soll mein liebes Schäfchen sein.
Tiere laufen im Galopp
über Stock und Stein, hopp, hopp,
alle in den Stall hinein,
denn es bricht die Nacht herein.

Hier muß man wieder schön langsam und bedrohlich sprechen, wenn die Katze kommt. Die Mäuschen sind die Finger der Rechten, die auf dem Handrücken des Kindes herumtanzen. Dann kommt die linke Hand und schnappt die Mäuschen und die Kinderhand dazu.

Katzen können Mäuse fangen,
haben Krallen wie die Zangen,
schlüpfen durch die Bodenlöcher,
auch zuweilen auf die Dächer.
Mäuschen mit den Ringelschwänzchen
machen auf dem Dach ein Tänzchen.
Leise, leise kommt die Katz,
hat sie all auf einen Satz!

Die Finger können sich nicht nur in Tiere verwandeln, sondern auch in Wichtelmänner und Zwerge. Himpelchen und Pimpelchen heißen die Daumen, sie gucken aus der geschlossenen Faust hervor. Wenn sie langsam auf den Berg klettern, werden die Fäuste in der Luft immer höher aufeinandergetürmt. Oben wackeln die Daumen befriedigt hin und her, und dann kriechen sie in die Fäuste hinein.
Wenn man die Fäuste ans Ohr hält, hört man Himpelchen und Pimpelchen deutlich schnarchen:

Himpelchen und Pimpelchen
stiegen auf einen Berg.
Himpelchen war ein Wichtelmann,
und Pimpelchen war ein Zwerg.
Sie blieben lange dort oben sitzen
und wackelten mit den Zipfelmützen.
Doch nach fünfundsiebzig Wochen
sind sie in den Berg gekrochen,
schlafen dort in guter Ruh.
Seid mal still
und hört schön zu:
ch – ch – ch – ch.

Als Schnick und Schnack schauen die Daumen zwischen Zeigefinger und Mittelfinger hervor. Wenn sie tanzen, bewegen wir die Fäuste umeinander.

Zwei Hampelmänner aus dem Sack!
Der eine heißt Schnick, der andere Schnack.
Schnick hat ein Krönchen und Schnack einen Kranz,
so gehen die beiden zum lustigen Tanz.
Sie tanzen so manierlich
mit Schritten fein und zierlich.
Zuletzt gehn Schnick und Schnack
zurück in ihren Sack.

Nun spielen alle zehn Finger mit. Dabei bewegen wir die Arme erst hin und her, dann auf und ab, dann drehen wir die Unterarme umeinander und verstecken am Ende die Hände hinter dem Rücken.

Zehn kleine Zappelmänner
zappeln hin und her,
zehn kleine Zappelmänner
findens gar nicht schwer.
zehn kleine Zappelmänner
zappeln auf und nieder,
zehn kleine Zappelmänner
tun das immer wieder.
Zehn kleine Zappelmänner
zappeln ringsherum,
zehn kleinen Zappelmännern
scheint das gar nicht dumm.
Zehn kleine Zappelmänner
spielen gern Versteck,
zehn kleine Zappelmänner
sind auf einmal weg.

Wir können auch einmal die Finger in umgekehrter Reihenfolge vorzeigen, indem wir mit dem kleinen Finger beginnen:

Wovon ist mein Däumchen so dick?
Der ist einmal in den Wald gegangen,
der hat dort einen Hasen gefangen,

der trug ihn heim mit vieler Müh,
der hat ihn gebraten bis morgens früh,
und dieses Däumchen dick und klein,
das aß das ganze Häschen allein.
Davon ist mein Däumchen so dick!

Einen ganz neuen lustigen „Fingervorzeiger" habe ich kürzlich im Kindergarten gehört:

Der erste sagt: Wenns regnet, da werd ich ja naß!
Der zweite sagt: Wenns regnet, das ist kein Spaß!
Der dritte sagt: Wenns regnet, da geh ich nicht aus!
Der vierte sagt: Wenns regnet, da bleib ich zu Haus!
Doch der Kleine, der will mal wieder nicht warten,
der springt mit dem Schirm in den Kindergarten!

Im Kindergarten wird stets das Taubenhaus gespielt. Es stammt wohl auch von Fröbel. Man verschränkt erst die Arme über der Brust und breitet sie dann aus. Die Hände flattern fröhlich herum. Dann kreuzt man wieder die Arme, und alle machen „gruh, gruh".

Wir öffnen jetzt das Taubenhaus,
die Täubchen, sie fliegen so froh hinaus.
Sie fliegen über das weite Feld,
dort wo es ihnen so wohl gefällt.
Und kehren sie heim zur guten Ruh,
dann schließen wir wieder das Taubenhaus zu.
Gruh, gruh, gruh, gruh.

Der linke Unterarm ist der Baum, die Finger sind die Zweige, das Vogelnest ist zwischen Daumen und Zeigefinger. Die andre Hand ist das Büblein, klettert am Arm hinauf, springt von Finger zu Finger, schaut ins Nest und fällt herunter:

Noch ein Vers, der mit Herunterfallen endet. Die linke Hand wölbt sich zur Brücke, der kleine Finger ragt als Pfosten hoch auf. Das Männlein ist der rechte Daumen, der über den Tisch auf die Brücke zu marschiert und die rechte Faust als seinen Sack mitschleppt.

Es geht ein Männlein über die Brücken,
das trägt einen schweren Sack auf dem Rücken.
Es stößt an den Pfosten,
der Pfosten kracht,
der Pfosten bricht,
das Männlein lacht –
plumps! da liegt es in dem Bach!

Dieser Kaufmannsladen wird jedem ein bißchen kompliziert vorkommen, der ihn nicht aus seiner eigenen Kinderzeit kennt. Es lohnt sich aber, ihn ein paarmal zu probieren, bis man ihn sicher bauen kann, denn alle Kinder haben den größten Spaß daran. Man braucht auch nicht nur die beiden Verschen vorzuspielen, die hier aufgeschrieben sind. Man kann sich eine ganze kleine Kaufmannsgeschichte ausdenken, bei der immer der Verkäufer hinter dem Ladentisch und die ein oder zwei Kunden davor miteinander reden. – Man legt die Hände mit den inneren Flächen aneinander, bildet aus den Zeigefingern den Ladentisch, läßt die beiden Daumen die Kunden sein und schiebt den kleinen Finger der einen Hand als Verkäufer nach vorn. Wer redet, nickt eifrig mit dem Kopf.

Verkäufer: Guten Tag, guten Tag, was wollen Sie?
Kunden: Zucker und Kaffee!
Verkäufer: Da haben Sie's, da haben Sie's!
Kunden: Ade, ade, ade!
Verkäufer: So warten's doch, so warten's doch,
Sie kriegen noch was raus!
Kunden: Behalten's nur, behalten's nur,
wir müssen schnell nach Haus!

Bei der folgenden Geschichte hauen die beiden Daumen-Kunden zum Schluß aufeinander ein:

Hans und Peter stehn im Laden,
wolln für 'n Sechser Knackwurst haben.
Für 'n Sechser Knackwurst gibt es nicht,
Hans und Peter ärgern sich.

Wem es gelungen ist, den Kaufmannsladen zu bauen, dem wird auch das Kunststück mit den pumpenden Kindern glücken. Es ist ja nur beim ersten Male schwierig, dann merkt man, daß es eben ein „Kinderspiel" ist! – Man hakt die Finger ineinander, so daß rechts und links nur Daumen und Zeigefinger frei sind. Das sind rechts die Mädchen und links die Buben. Nun bewegt man erst rechts Daumen und Zeigefinger gegeneinander, dann links. Dann legt man die beiden Hände zusammen und läßt den Daumen herausgucken. – Auch von dieser Geschichte gibt es zwei Fassungen. Ich schreibe sie beide auf, damit man sich die hübscheste heraussuchen kann:

Zwei Mädchen wollten Wasser holn,
zwei Knaben wollten pumpen.
Da guckt der Herr zum Fenster raus
und sagt: „Ihr seid Halunken!

Ihr habt die ganze Nacht gepumpt
und habt die Pumpe leer gepumpt,
ihr Lia-Lia-Lumpen!
Nun dürft ihr nicht mehr pumpen!"

Zwei Mädchen wollten Wasser holn,
zwei Buben wollten pumpen.
Da guckt der Herr zum Fenster raus:
„Was wollt ihr denn, ihr Lumpen?"
Da ging er wieder rein
und trank a Gläserl Wein.
Da kam er wieder raus,
da rissen alle aus.

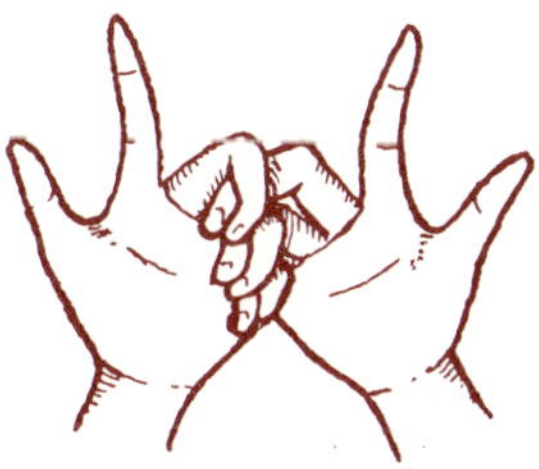

In derselben Weise wird der folgende Vers gespielt. Daumen und Zeigefinger sind dabei erst die Vöglein, und nach der „Verwandlung" ist der eine Daumen der Schornsteinfeger:

Vöglein, Vöglein, piep, piep, piep –
Schornsteinfeger, kiek, kiek, kiek.

Es gibt noch eine Umwandlungs-Geschichte, an der die Kinder genausoviel Spaß haben wie an der vorhergehenden und die ein bißchen einfacher ist. Das ist die Geschichte vom Autobus. Man verschränkt die Finger der beiden Hände miteinander – die Handflächen nach innen – und läßt die Daumen draußen. Die sind der Busschaffner und ein atemloser Mann, der gern noch mitfahren möchte. Wenn man jetzt die Hände umdreht, sieht man alle Finger, wie sie in dem Bus sitzen und alle Plätze besetz haben:

„Herr Schaffner, lassen Sie mich rein,
hab mich so abgehetzt!"
„Ach nein, ach nein, mein lieber Herr,
ist alles schon besetzt!"

Die folgende Geschichte ist ganz einfach zu spielen. Die linke Hand bildet ein Milchtöpfchen, die rechte ist die Katze. Die kommt über den Tisch gelaufen und steckt ihren Kopf in den Topf – aber nur Zeigefinger, Mittel- und Ringfinger! Die Linke umschließt die drei Finger ganz fest, während man versucht, sie wieder freizubekommen. Nun läuft die arme Katze mit ihren zwei verbliebenen Beinen, dem Daumen und dem kleinen Finger, mit dem Milchtopf auf dem Kopf, ein Stück weiter. Und zieht, und zieht – und da ist die rechte Hand wieder frei!

In der Küche auf dem Tisch
steht ein Topf mit Milch, ganz frisch.
Kätzchen will sich dran erlaben,
von der süßen Milch was haben.
Steckt das Köpfchen in das Töpfchen
und trinkt und trinkt . . .
O weh! Das Köpfchen will nicht mehr in die Höh!
Mit dem Töpfchen auf dem Köpfchen
läuft das Kätzchen in den Schnee.
Und zieht – und zieht und – zieht!

Die kleinen Abc-Schützen oder i-Männchen oder Schulanfänger, wie sie offiziell heißen, lernen in der Schule meist dieses Lied:

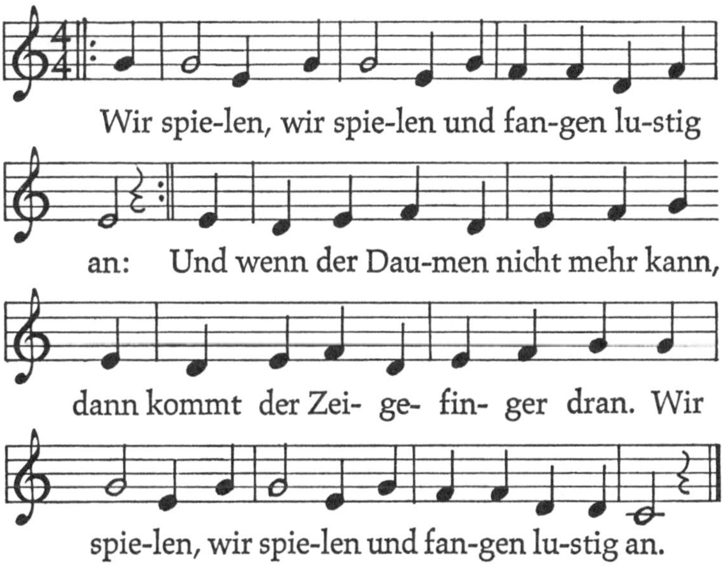

Der Finger, der gerade dran ist, pocht dabei auf den Tisch. So werden alle Finger durchgespielt, dann folgen:

das ganze Händchen, mit der flachen Hand schlagen
das Fäustchen, kräftig bumsen
der Ellenbogen, ebenso
dann fängt der Fuß zu tippen an,
dann fängt der Kopf zu nicken an,
dann fängt das Ohr zu wackeln an (wer das kann!) –
und endlich hören wir auf!

Die Beweglichkeit der Hände übt auch dieses Lied, zu dem man gern noch ein paar Strophen hinzuerfinden darf.

Seht wie fein, seht wie fein,
der Glaser setzt die Scheiben ein.

Strich strich strich, strich strich strich,
der Maler malt die Wände frisch.

Schrumm schrumm schrumm, schrumm schrumm
der Schlosser dreht den Schlüssel um. [schrumm

Tief hinein, tief hinein,
der Schornstein wird bald sauber sein.

Zisch zisch zisch, zisch zisch zisch,
der Tischler hobelt glatt den Tisch.

Rühret fein, rühret fein,
der Bäcker rührt den Kuchen ein.

Poch poch poch, poch poch poch,
der Schuster flickt im Schuh das Loch.

Stich stich stich, stich stich stich,
der Schneider näht ein Kleid für dich.

Hopp hopp hopp, hopp hopp hopp,
alle tanzen im Galopp.

Ebenso offen fürs Weiterdichten ist das Lied von den Musikanten. (Jede Strophe mit entsprechenden Handbewegungen begleiten.)

Auf der Flöte: (gepfiffen)
Auf der Trompete: te reng teng teng
Auf der Triangel: ting ting ter ling
Auf der Trommel: dirom dom dom
Auf der Gitarre: tim tim ter lim
Auf der Pauke: rum dum bum bum
Auf dem Klavi-ier: Greif hier mal hin
und da mal hin und auch mal in die Mitte rin.

Alle meine Entchen
schwimmen auf dem See. — Wasserwellen andeuten
Köpfchen in das Wasser, — Nach vorn beugen
Schwänzchen in die Höh. — Auf dem emporgereckten Hinterteil mit den Händen das Schwänzchen andeuten

Alle meine Täubchen
sitzen auf dem Dach:

Mit den Händen ein Dach bilden

Klipp, klapp, klipp, klapp!

klatschen

Fliegen übers Dach.

Mit den ausgebreiteten Armen flattern

Alle meine Püppchen,
Ännchen und Marie,
schlafen in dem Bettchen,
bis ich wecke sie.

Die Arme verschränken und hin- und herwiegen

Hätt ich einen Pfennig,

Geld in die Hand zählen

ach wie wär ich froh!

in die Hände klatschen

Kauft mir eine Zuckerstange,
hüpft und tanzte so!

und herumtanzen

Klein Häschen wollt spazierengehn,
spazieren ganz allein,
da hats das Bächlein nicht gesehn
und plumps fiel es hinein.

Unser Häschen von Seite 24 springt über den Tisch und fällt von der Tischkante.

Das Bächlein triebs dem Tale zu, dort wo die Mühle steht, und wo sich ohne Rast und Ruh das große Mühlrad dreht.	Die flachen Hände beschreiben Wasserwellen, die zusammengelegten Hände bilden ein Haus.
Ganz langsam drehte sich das Rad, fest hielts der kleine Has, und als er endlich oben war, sprang er vergnügt ins Gras.	Die Unterarme drehen sich umeinander.
Dann läuft klein Häschen schnell nach Haus, vorbei ist die Gefahr. Die Mutter klopft das Fell ihm aus, bis daß es trocken war.	Das Häslein springt davon. Das Häslein springt immer weiter und so weiter ...

Den Beschluß sollen zwei Lieder für größere Kinder bilden, die dabei ordentlich aufpassen müssen und vielleicht ein Pfand geben, wenn sie's falsch machen.
In diesen Liedern werden nämlich nach und nach alle Wörter durch stumme Bewegungen ersetzt, so daß wir zum Schluß eine ganze Pantomime aufführen.

Mit den Händen ein Dach bilden. „Brille" vor die Augen halten und herumschauen. Mit den Händen „Laufen" andeuten. Anklopfen. Hinaufwinken. Schießgewehr anlegen. Hereinwinken. Hände reichen.

Mein = auf sich deuten; Hut = auf den Kopf fassen; drei = drei Finger; Ecken = Ellenbogen; und = zwei Finger zum + übereinanderlegen; nicht = Kopfschütteln.

Man läßt zuerst „mein" aus an allen drei Stellen, und ersetzt das Wort durch die Bewegung. Beim nächsten Durchgang läßt man außerdem noch „Hut" aus, dann „drei" und so weiter.

Ritze ratze
fertig ist die Miezekatze

Malspiele

Wer kann einen Kreis malen? Wenigstens so ungefähr? Und einen Punkt und einen Strich? Der beherrscht schon das erste Zeichenspiel:

Der Mond ist rund,
der Mond ist rund,
er hat zwei Augen,
Nas und Mund.

Wer keine Bedenken hat, sich wie »hinterm Mond« zu fühlen, kann aus dieser einfachen Figur wenigstens fünf weitere Zeichenspiele entwickeln.

Punkt, Punkt, Komma, Strich,
fertig ist das Mondgesicht.

Das geht auf verschiedenerlei Weise weiter:

Punkt, Punkt, Komma, Strich,
fertig ist das Mondgesicht.
Und zwei kleine Ohren dran,
und noch einen Bauch daran,
Arme, Beine auch noch dran –
fertig ist der Hampelmann.

Oder: Punkt, Punkt, Komma, Strich,
fertig ist das Mondgesicht,
und zwei spitze Ohren,
so wird sie geboren.
Ritze, ratze, ritze, ratze –
fertig ist die Miezekatze.

Der Hampelmann in etwas vollständigerer Fassung:

Pünktchen, Pünktchen, Komma, Strich,
fertig ist das Mondgesicht.
Links ein Ohr und rechts ein Ohr,
oben schaut das Haar hervor.
Jetzt auch noch das Bäuchlein dran,
und zwei Arme auch noch dran,
und zwei Beine auch noch dran:
fertig ist der Hampelmann.

Es gibt auch eine weibliche Abart des Mondgesichts:

Punkt, Punkt, Komma, Strich,
fertig ist das Mondgesicht.
Gleich zwei kleine Ohren dran,
daß es nun auch hören kann.
Kleiner Käse, kugelrund,
gelb und lecker und gesund!
Ei, und Arme wie ne Acht,
ist das nicht ne wahre Pracht?
Dazu Beine wie ne Sechs –
ei, ich glaub, das ist ne Hex!

Eine reizende Verbindung von alt und neu, von Zeichenspiel und Monderoberung, verdanken wir dem zeitgenössischen Kinderpoeten Josef Guggenmos.

Das ist die Erde,

und das ist der Mond.

Kasper will schauen,

ob einer droben wohnt.

Auf dem Mond ist keine Laus,
da fliegt Kasper wieder nach Haus.

Eins, zwei, drei, vier –

Kasper ist wieder hier.

Damit genug der Mond-Verse! Josef Guggenmos hat zu diesem Büchlein noch ein Malspiel beigesteuert, das von ganz irdischen Dingen handelt:

In einer Schüssel lagen

eine Karotte und zwei Mandarinen,

eine Banane und vier Rosinen.

Ein Weinen war das und Klagen,
nicht zu ertragen!

Was ist da zu tun? Was machen wir?
Die vier Rosinen verspeisen wir.
Die Banane legen wir herum,
und schon ist aller Kummer um.

Jetzt brauchen wir noch mehr!

Guten Morgen, Frau Meier,
ich möchte zwei Eier,
einen Käse, einen Kamm,
und das bitte zusamm.

Ne Zündholzschachtel, ein Brot,
von Rosinen ein Lot,
zwei Gabeln, zwei Messer –
(wird das ein Menschenfresser?).

Dazu noch zwei Löffel und einen Besen –
fertig ist das ganze Wesen.
(Ich glaube, es ist Frau Meier gewesen.)

Vom Osterhasen gibt es zwei Zeichenspiele, bei denen man die Hasenfigur aus einem Osterei entwickelt:

Gestern ging ich aus dem Haus,
gradwegs in den Wald hinaus.

An dem Weg beim Weitergehen
sah ich manch ein Gräslein stehen.

Wie ich um die Eck tu biegen,
seh ich da was Rundes liegen.

Und auf einmal guckt hervor
hier ein Ohr und da ein Ohr.
Seh zwei Augen, eine Nas,
frage ich: »Was ist denn das?«
Ruft es laut: »Ich bin ein Has!«
Frage ich: »Was machst du denn,
hockst ja da wie eine Henn?«

»Meinem Bub, dem kleinen Schreier,
lege ich zwei Ostereier!«

Wie ist die Wiese grün,
wo viele Blumen blühn.

Was mag das sein?

Ist es ein Stein
mit einer langen Nase?

Ich glaub, es ist ein Hase!

Und nun die Schneiderschere! Ich glaube, es ist eigentlich eine Lichtputzschere, die ja den Kindern früher viel näher war und die viel interessanter aussieht. Aber seit man keine Lichtputzschere mehr braucht, tut es in unsern Versen auch eine Schneiderschere.

Einmal kreuz und einmal quer,
ist das nicht ne Schneiderscher?

So geht sie nicht verloren.
Das sind zwei kleine Ohren.

Nun mach ich einen Satz –
ei, ist das nicht ne Katz?

Das ist kreuz und das ist quer –
ist das nicht ne Schneiderscher?

Das ist kurz, und das ist lang –
ist das nicht ne Schneiderbank?

Das ist der Schneider wohlgeboren
mit den großen Eselsohren.

Und ein Röcklein hat er an
mit drei blanken Knöpfen dran.

Beine hat er wie ein Bär –
seht, da kommt der Schneider her!

Arme, die er erst versteckt,
hat er in die Luft gereckt,

und der Hut, der steht ihm gut –
das ist Schneider Wohlgemut.

Wer das nun alles malen kann, hat eine Belohnung verdient. Den Frauen wird ein Mann versprochen:

Wer das nicht kann,
kriegt keinen Mann.

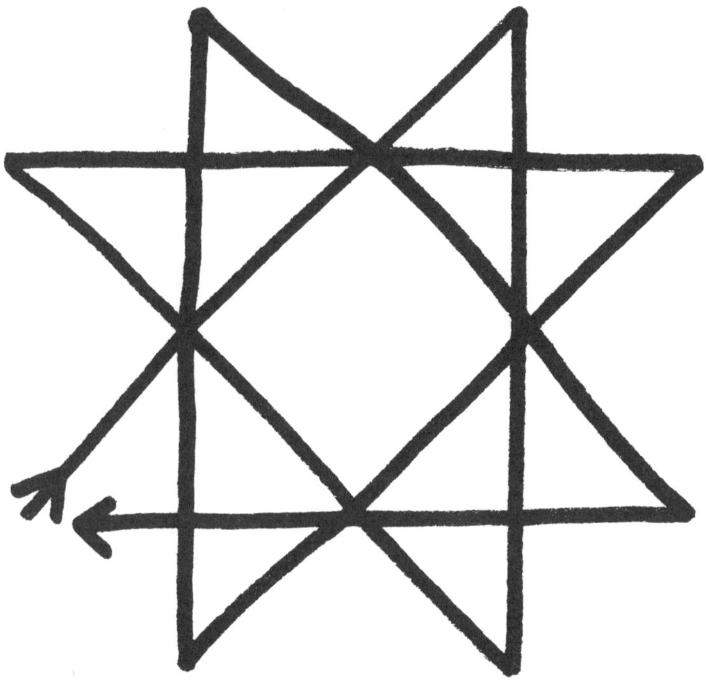

Das ist nur ein kleiner Zauber. Es steckt aber ein sehr alter, großer Zauber in dieser Figur, denn sie ist ähnlich dem Drudenfuß, den man früher zum Schutz gegen böse Geister auf die Türschwelle malte.

Ebenso schön malt sich das Haus vom Nikolaus:

Das ist das Haus
vom Nikolaus!

Auch mit diesem Zeichen kann man einen Mann herbeihexen, es läßt sich auch zu dieser Figur sagen:

Wer das nicht kann,
kriegt keinen Mann.

Um die Jahrhundertwende waren Zeichenspiele mächtig in Mode. Man erfand die kompliziertesten Gebilde und schmiedete gewaltsam Verse dazu. Sie sollen hier nicht ganz fehlen.

Erst mach ein Ei.
Daraus kann werden mancherlei:
ein Ochsenaug, ein Pfannenkuchen.
Wir wollen anderes versuchen.

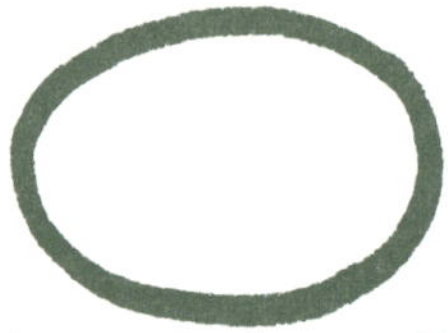

Es wachsen raus der Strichlein zwei.
Mach obendran ein zweites Ei.

Das Aug hinein, den Schnabel dran,
und unten häng ein Läpplein an.

Als schönste Zier setz oben drauf
dem Eilein noch die Krone auf.

Jetzt fehlen Flügel noch und Schwanz,
dann hast du bald die Henne ganz.

Noch Füße, daß sie scharren kann –
sie fängt wohl gleich zu gackern an.

Der Wastel

In Sommerferien, wie bekannt,
begibt sich jeder auf das Land.
Des Sonntags, schon in aller Früh,
weckt uns der Hahn mit Kikriki,
und guckt man nach dem Wetter aus,
so steht der Wastel vor dem Haus.
Der Wastel ist ein eigner Mann,
den fang ich gleich zu zeichnen an.

Es ist sein breiter Lodenhut
für Sonne und für Regen gut.

Der Leib, das heißt die Füße ruhen
in umfangreichen Fleckelschuhen;

Die Hände sind, obwohl gewaschen,
verborgen in den Hosentaschen;

Die beiden Äuglein blitzen munter,
dazwischen hängt die Nase runter.

Die beiden Backen kugelrund
durchquert ein breitgezogner Mund;

Drin steckt in aller Frühe schon
das Pfeifenrohr aus Kölner Ton.

Die blauen Wölklein aufwärts schweben,
und habt ihr tüchtig achtgegeben,
so machts vom Anfang bis zum End
in einem Zuge, wenn ihr könnt.

Kahn und Schiff

Hier mache ich
drei grade Strich;

jetzt schnell die Welle,

dann auf den Kahn
ganz vorne dran
noch eine Fahn,

drauf einen Ast als Mast.

Das Segel im Wind,
so geht es geschwind.

Zurück vom allzu Künstlichen zum Volkstümlichen! Für größere Kinder gibt es Zeichengeschichten in Prosa, die deshalb so viel Spaß machen, weil ganz zum Schluß überraschend ein Tier entsteht.

Dies ist ein Haus.

Das Haus hat zwei Schornsteine und zwei Fenster.

Es hat auch eine Tür,
und vor der Tür liegt eine Fußmatte.

In dem Haus wohnt ein kleines Mädchen.
Eines Tages will es seine Großmutter besuchen.
Es geht durch einen großen Wald
und trinkt dann bei seiner Großmutter Kaffee.

Dann geht es wieder zurück durch den großen Wald,
doch – o weh! –
auf dem Rückweg kommt es vom richtigen Wege ab
und fällt in einen tiefen Graben.

Es klettert wieder heraus,
aber es fällt noch dreimal in den Graben hinein.
Endlich sieht es die Fenster seines Hauses leuchten
und läuft nun ganz schnell heim.

Ein andermal wird unser kleines Mädchen zum Milchholen geschickt. Die Geschichte fängt wieder mit dem Haus an, in dem das Mädchen wohnt (es scheint sich mehr um eine Hütte zu handeln).

In einem kleinen Haus wohnte einmal ein kleines Mädchen,

zu dem sagte die Mutter:

»Lauf einmal und sieh, ob es noch irgendwo Milch gibt!«

Das Mädchen lief los und ging in den ersten Laden – da gab es keine Milch. Dann ging es in den zweiten Laden – da gab es auch keine. Dann ging es in den dritten Laden – da gab es wieder keine. Aber schließlich im vierten Laden, da bekam es Milch in sein Töpfchen.

O weh! Das kleine Mädchen verschüttete die Milch, und die rann über die Straße.

Da lief es schnell nach Haus, und da sagte die Mutter: »Du bist ein kleines – (Schweinchen).«

Storch I

Auf einer Wiese standen einmal ein großes Haus und ein kleines Haus. Das große Haus hatte ein wunderschönes großes Fenster.

Zu dem großen Haus gehörte ein Teich, darin schwammen viele kleine Fische.

Eines Tages kam der Mann aus dem kleinen Haus zu dem großen Haus gelaufen und rief: »Am Teich sind Diebe!« Da lief der Mann aus dem großen Haus mit dem Mann aus dem kleinen Haus zusammen zum Teich, und tatsächlich: da standen fünf Diebe und wollten Fische stehlen.

Der Mann aus dem großen Haus nahm schnell sein Gewehr und verjagte die Diebe – Piff! Paff! Piff! Paff! Puff!
Und dann stellte er noch zwei Wachen auf, damit nicht wieder Diebe kommen konnten.

Danach gingen sie wieder heim: der eine Mann in das große Haus, und der andere Mann in das kleine Haus.

Storch II

In einem großen Garten stand ein kleines Haus mit einem kleinen Fenster.

In dem Garten war auch ein Teich, und in dem Teich waren viele Goldfische, die schwammen darin herum und waren manchmal so neugierig, daß sie sogar über den Rand gucken wollten.

Eines Tages dachte der Mann, der in dem Haus wohnte: »Ich will doch mal zum Teich gehen und sehen, ob meine Goldfische schon größer geworden sind.« Da ging er durch die Hintertür hinaus und an den Teich. Aber als er am Teich stand, konnte er keins von seinen Goldfischchen sehen. Er lief um den halben Teich herum und dann ein langes Stück hinunter, guckte hierhin und dahin und rief auch immer nach seinen Goldfischen, aber er fand sie nicht.

Nun lief er wieder an den Teich zurück und dann noch einmal ein langes Stück hinunter, guckte wieder hierhin und dorthin, doch er entdeckte keinen einzigen Fisch. Traurig ging er schließlich nach Hause.

In seinem Häuschen hatte er aber auch keine Ruh. Zweimal ging er zur Vordertür hinaus und lief ein Stückchen fort und suchte seine Fische, und da schließlich merkte er, wer seine Fischchen gestohlen hatte: – der Storch!

Auch früher gab es schon Spiele, mit denen man Kinder auf die Schulzeit vorbereiten wollte. So dienen ja gerade die Zeichenspiele dazu, die Hand zu lockern und dabei zu üben, wie man Striche richtig nachzeichnet. Jetzt kommt noch das Einüben der Zahlen hinzu.

Die Wanderschaft

Es war einmal eine Mutter, die wohnte mit ihrem Sohn in einem kleinen Häuschen. Als der Sohn groß war, wollte er auf Wanderschaft gehen und sich viele Städte ansehen.

Damit sich seine Mutter keine Sorgen machte, sagte er ihr vorher, welche Städte er besuchen wollte.

Nun machte er sich auf den Weg und ging in die erste Stadt,

dann in die zweite Stadt und so fort. Als er sich alle zehn Städte angesehen hatte, freute er sich wieder auf zu Hause und lief, so schnell er konnte, heim.

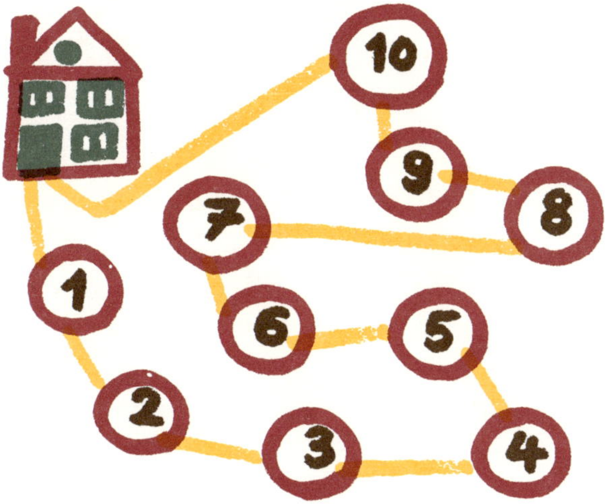

Aua schreit der Bauer

Trost- und Neckverse

Trost und Heilung

Heile heile Segen
drei Tage Regen
drei Tage Sonnenschein
wirds schon wieder besser sein.

Heile heile Segen
morgen gibt es Regen
übermorgen Schnee
dann tuts nicht mehr weh.

Nu weene man nich
Nu weene man nich
im Ofen stehn Klöße
die siehste bloß nich.

Heile heile Katzendreck
morgen ist alles wieder weg.

Der Frosch ist krank
der Frosch ist krank
da liegt er auf der Ofenbank
quakt nun schon wer weiß wie lang
der Frosch ist krank
der Frosch ist krank.

Aua
schreit der Bauer
die Äpfel sind zu sauer
die Birnen sind zu süß
morgen gibts Gemüs.

Du bist so krank
wie ne alte Bank,
du bist so krank als wie ein Huhn
magst gern essen und nichts tun.

Wenn gar nichts mehr hilft

Robinson Robinson
fuhr in einem Luftballon
und als er wieder runter kam
da war er wieder da.

Pumpernickel Kirschenstein
die Mutter zieht mich fest am Bein
zieht mich in das Ofenloch:
Guckuck, Mutter, ich leb noch!

Auf dem Berge Sinai
wohnt der Schneider Kikriki.
Seine Frau die alte Grete
saß auf dem Balkon und nähte
fiel herab fiel herab
und das linke Bein brach ab.
Kam der Doktor Hampelmann
klebt das Bein mit Spucke an.

Kniereiter

Hopp hopp hopp
Pferdchen lauf Galopp
über Stock und über Steine
aber brich dir nicht die Beine
immer im Galopp
hopp hopp hopp hopp hopp.

Hoppe hoppe Reiter
wenn er fällt, dann schreit er
fällt er in das grüne Gras
macht er sich die Hosen naß
fällt er in den Graben
fressen ihn die Raben
fällt er in die Hecken
fressen ihn die Schnecken
fressen ihn die Müllermücken
die ihn vorn und hinten zwicken
fällt er in den Sumpf
macht der Reiter
plums!

Hoppe hoppe Reiterlein
wenn die Kinder kleine sein
reiten sie auf Stöckelein
wenn sie größer werden
reiten sie auf Pferden
reiten sie nach Sachsen
wo die schönen Mädchen
auf den Bäumen wachsen
reiten auf des Königs Schloß
schießen die Pistolen los –
bums!

Reit Reiter reit
wir müssen heut noch weit
wir müssen nach Scharmützen
wo die großen Bauern sitzen
mit den langen Zipfelmützen
die das Geld mit Vierteln messen
und den Quark mit Löffeln fressen.

Unglücksfälle

Ist ein Mann in Brunnen gfallen
hab ihn hören plumpen
wär er nicht hineingefallen
wär er nicht ertrunken.

Geht ein Männlein über die Brück
hat ein Säcklein auf dem Rück
legt es auf den Pfosten
der Pfosten kracht
das Männlein lacht
und fällt ins Wasser –
plumps!

Eine kleine Dickmadam
fuhr mit einer Eisenbahn
Eisenbahn, die krachte
Dickmadam, die lachte.
(Nachtrag:)
Setzte sich ins grüne Gras
machte sich die Hosen naß.

Warnungen

Schnipp schnapp
schneid ab
schneid Speck
schneid Speck
schneid den Daumen nicht mit weg.

Messer Gabel Schere Licht
ist für kleine Kinder nicht.

Hau dich nicht
stich dich nicht
brenn dich nicht
Suppen ist heiß
Schneider, wenn du reiten willst
setz dich auf die Geiß.

Verschwinde
verschwinde
wie die Wurst im Spinde.

Dumme Geschichten

Ich will dir was erzählen
von der alten Frau Mählen
wenn sie keine Kartoffeln mehr hat
dann kann sie keine schälen.

Ich will dir mal was sagen
die Katz hat 'n Magen
der Hund der hat 'n Schwanz
und du bist 'ne dumme Gans.

Ich will dir mal was sagen
von den kurzen Tagen
von den langen Wochen
da haben wir nichts zu kochen
nur ein bißchen Sauerkraut
mit Knochen.

Ich will dir mal was sagen
von 'nem alten Wagen
wenn er keine Räder hat
kann er nicht mehr fahren.

Mein Vater kaufte sich ein Haus
an dem Hause war ein Garten
in dem Garten war ein Baum
auf dem Baume war ein Nest
in dem Neste war ein Ei
in dem Ei da war ein Dotter
in dem Dotter war ein Hase –
der beißt dich in die Nase.

Ich schenk dir was –
was ist denn das?
Ein silbernes WarteinWeilchen
und ein goldenes Nichtschen
in einem niemalenen Büchschen.

Et wär mal een Mann
min Märken fängt an
de hadd eene Koh
hör flietigt to
de Koh hadd een Kalv
min Märken is halv
dat Kalv hadd ne bunte Schnut
nu is min Märken ut.

Es war einmal

Es war einmal ein Mann
der hatte einen Schwamm
der Schwamm war ihm zu naß
da ging er auf die Gaß
die Gaß war ihm zu kalt
da ging er in den Wald
der Wald war ihm zu grün
da ging er nach Berlin
Berlin war ihm zu groß
da macht er in die Hos
die Hos wurd ihm zu klein
da ging er wieder heim.

Es war einmal ein Mann
der hatte einen Kamm
der Kamm war ihm zu klein
da kauft er sich ein Schwein
das Schwein war ihm zu fett
da legt er sich ins Bett
das Bett war ihm zu kalt
da ging er in den Wald
der Wald war ihm zu groß
da ging er nach Franzos
Franzos war ihm zu frech –
patsch!
haste eine weg.

Es war einmal ein Männchen
das kroch in ein Kännchen
es kroch wieder raus
bis in Pastors Haus
da war die Geschichte aus.

Es war einmal ein Mann
der hatte sieben Söhne
die sieben Söhne sprachen:
Vater erzähl uns mal 'ne Geschichte!
Da fing der Vater an:
Es war einmal ein Mann
der hatte sieben Söhne . . .

Für liebe Kinder

Rosen blühn, Rosen blühn
drei an einem Stengel
liebe Gretel, bist so schön
schöner als ein Engel.

Gretel mein Schatz
hast Härle wie Flachs
hast Härle wie Seide
mags gar zu wohl leide.

Bist du nicht mein Liebchen
schläfst du nicht bei mir
gibst du mir kein Küßchen
was mach ich dann mit dir?

Kam einmal ein reicher Mann
hunderttausend gute Taler
für mein liebes Kindchen bot er.
Nein, er kriegt gewiß nicht meins!
Kauf er sich woanders eins.

Mein Schätzle ist fein
könnt feiner nit sein
es hat mirs versprochen
sein Herz gehört mein.

Seht euch mal mein Kindchen an
mit den blonden Zottellöckchen
blaue Augen, rote Bäckchen.
Leute, habt ihr auch so eins?
Leute, nein, so habt ihr keins!

Für böse Kinder

Alles was die Leut verdrießt
das treib ich
wo man mich nicht gerne sieht
da bleib ich
wo man mich heißt weggehn
grad da bleib ich gerne stehn.

Mein lieber Bruder Ärgerlich
hat alles, was er will
und was er hat, das will er nicht
und was er will, das hat er nicht
mein lieber Bruder Ärgerlich
hat alles, was er will.

Laß ihm, laß ihm seinen Willen
denn er hat den Kopf voll Grillen.

Mein Kindlein ist klein
es bildt sich viel ein
jetzt mag es mich nimmer –
es muß aber nicht sein.

Der Müller tut mahlen
das Rädchen geht rum
mein Kind ist erzürnet
weiß selber nicht, warum.

Ich hab ein bös Schätzle
wenns immer so bleibt
so stell ichs in Garten
daß 's die Vögel vertreibt.

Bist du bös
geh mank die Gös
bist du goot
komm op min Schoot.

Alles kaputt

Fleischmann kiekt durch Wollmanns Laden
möcht fürn Sechser Käse haben
Käse Käse gibt es nicht
Fleischmann Fleischmann ärgert sich.

Ein lustiger Bu
braucht oft ein paar Schuh
ein trauriger Narr
hat lang an eim Paar.

Pitsche patsche Peter
hinterm Ofen steht er
flickt die Strümpf und schmiert die Schuh
kommt die alte Katz dazu
frißt die Schmeer und frißt die Schuh
frißt die Schuh und frißt die Schmeer
frißt mir alle Teller leer.

Pumpernickels Hänschen
saß am Ofen und schlief
da brannten ihm die Hosen an –
potztausend, wie er lief!

Angeschmiert
mit Butter beschmiert
Käse geleckt
hat gut geschmeckt.

Falsche Antworten

Was? Was?
Das Wasser ist naß.

Warum? Warum?
Die Banane ist krumm.

Weißt du was?
Wenns regnet, wirds naß
wenns schneit, wirds weiß
du bist ein alter Naseweiß.

Was?
Altes Faß
wenns regnet, wirds naß
wenns schneit, wirds weiß
wenns friert, gibts Eis
wenns taut, wirds grün
werden alle Jungfern schön.

Warum? Warum?
Dieserwegen
weil du bist im Dreck gelegen.

Wie spät mags sein?
grunzt das Schwein.
Ein Viertel vor sieben
meckern die Ziegen.
Noch ein Viertel dazu
brummt die Kuh.
Schon so spät?
wiehert das Pferd.

Vor der Schule

Bunte Bohne Tintenfaß
geh zur Schul und lerne was
lernste was, dann kannste was
kannste was, dann biste was
biste was, dann haste was
bunte Bohne Tintenfaß.

Ene mene Tintenfaß
geh zur Schul und lerne was.
Ene mene Sandbüchs
bleib daheim, du kannst nix.

Ene mene Tintenfaß
geh zur Schul und lerne was
wenn du was gelernet hast
komm nach Haus und sag mir was.

Peter heiß ich
die Hosen zerreiß ich
die Nüsse zerbeiß ich
und sonst nix weiß ich.

Lirum larum Löffelstiel
wer das nicht kann, der kann nicht viel.

Rote Kirschen eß ich gern
schwarze noch viel lieber
in die Schule geh ich gern
alle Tage wieder.

Herr von Hagen
darf ichs wagen
Sie zu fragen
welchen Kragen
Sie getragen
als Sie lagen
krank am Magen
in der Hauptstadt Kopenhagen?

Rechenübung

Eins – zwei – drei
alt ist nicht neu
sauer ist nicht süß
Händ sind keine Füß
Füß sind keine Händ
das Lied hat ein End.

Eins – zwei – drei
alt ist nicht neu
neu ist nicht alt
warm ist nicht kalt
kalt ist nicht warm
reich ist nicht arm.

Eins – zwei – drei
alt ist nicht neu
arm ist nicht reich
hart ist nicht weich
frisch ist nicht faul
'n Ochs ist kein Gaul.

Eins – zwei – drei – vier – fünf – sechs – sieben
in der Schule wird geschrieben
in der Schule wird gelacht
bis die ganze Schule kracht.

Eins zwei – Polizei
drei – vier – Offizier
fünf – sechs – alte Hex
sieben – acht – gute Nacht
neun – zehn – laßt uns gehn
elf – zwölf – kommen die Wölf.

Eins – zwei – drei – vier – fünf – sechs – sieben
wo ist denn mein Schatz geblieben?
Ist nicht hier
ist nicht da
ist wohl in Amerika.

Noch mehr Rechenübungen

Sechs mal sechs ist sechsunddreißig
ist der Lehrer noch so fleißig
sind die Kinder dumm
geht der Stecken bum bum bum.

Sechs mal sechs ist sechsunddreißig
alle Kinder sind so fleißig
doch der Lehrer, der ist faul
wie ein alter Droschkengaul.

Eins zwei drei
in der Dechanei
steht ein Teller auf dem Tisch
kommt die Katz und frißt den Fisch
kommt der Jäger mit der Gabel
schlägt das Kätzlein auf den Schnabel
schreit die Katz: miau miaun
wills mein Lebtag nimmer daun.

Tross tross trüll
der Bauer hat ein Füll
das Füllen will nicht laufen
der Bauer wills verkaufen
verkaufen wills der Bauer
das Leben wird ihm sauer
sauer wird ihm das Leben
der Weinstock, der trägt Reben
Reben trägt der Weinstock
Hörner hat der Ziegenbock
der Ziegenbock hat Hörner
im Wald da wachsen Dörner
Dörner wachsen im Wald
im Winter ist es kalt
kalt ist es im Winter
da friern die kleinen Kinder
die kleinen Kinder frieren
wers nicht glaubt –
der kanns probieren.

Es regnet, es regnet

die Erde wird naß
da freut sich der Bauer
da wächst ihm das Gras.

es regnet, was es kann
und wenns genug geregnet hat
dann fängts von vorne an.

der Kuckuck wird naß
wir sitzen im Trocknen
was schadet uns das?

es regnet seinen Lauf
und wenns genug geregnet hat
dann hörts auch wieder auf.

Kaltes Wetter

Liebe Sonne komm gekrochen
denn mich frierts an meinen Knochen
liebe Sonne komm gerennt
denn mich frierts an meine Händ.

Es schneiet es beiet
es weht ein kalter Wind
es fliegen weiße Vögele
aufs Mützel jedem Kind.

Morgen wolln wir Schlitten fahrn
morgen um halb neune
spann ich meinen Schimmel an
fahr ich ganz alleine
ganz alleine fahr ich nit
nehm ich meine Gretel mit.

Vom Essen

Rosmarin und Thymian
wächst in unserm Garten

Mutter gib mir 'n Butterbrot
ich kann nicht länger warten.

Trocken Brot
macht Wangen rot
Brot und Wasser
macht sie blasser
aber Butterbröter
machen sie noch röter.

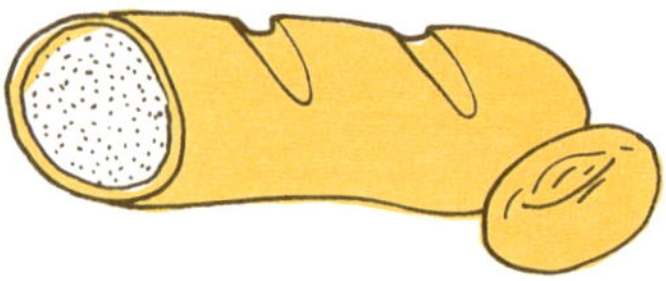

Quark macht stark
Quark alleene
macht krumme Beene
aber Quark mit Butter
ist das richtge Futter.

Lirum larum Löffelstiel
arme Leute ham nicht viel
reiche Leute essen Speck
arme Leute ham ein Dreck.

Buko von Halberstadt
bring doch unserm Kindchen was!
Was soll ich ihm denn bringen?
Zuckerplätzchen und Ringen
schöne Rosinen und Mandelkern
die ißt die kleine Gretel gern.

Sauerkraut und Rüben
die haben mich vertrieben
hätt meine Mutter Fleisch gekocht
so wär ich noch geblieben.

Erbse Bohne Linse
wie mer se kocht
so sin se.

Zum Verwundern

Ick sitze da und esse Klops
mit eenmal klopts
ick kieke hoch und wundre mir
mit eenmal jeht se uff, die Tür
ick stehe uff und denk: nanu
jetzt isse uff, erst warse zu
ick jehe hin und kieke
und wer steht draußen?
Icke!

Morgens früh um sechs
kommt die kleine Hex
morgens früh um sieben
schabt sie gelbe Rüben
morgens früh um acht
wird der Kaffee gemacht
morgens früh um neun
geht sie in die Scheun
morgens früh um zehn
holt sie Holz und Spän
macht Feuer an um elf
kocht dann bis um zwölf
Fröschlein, Krebs und Fisch
Kinder, kommt zu Tisch!

Vom Bäcker

Backe backe Kuchen
der Bäcker hat gerufen
wer will guten Kuchen backen
der muß haben sieben Sachen
Eier und Salz
Zucker und Schmalz
Milch und Mehl
Safran macht den Kuchen gehl.
Schieb schieb in Ofen rein.

Meine Mu meine Mu
meine Mutter schickt mich her
ob der Ku ob der Ku
ob der Kuchen fertig wär
wenn er no wenn er no
wenn er noch nicht fertig wär
käm ich mo käm ich mo
käm ich morgen wieder her.

und vom Koch

Ilse bilse
keiner will se
kam der Koch
nahm sie doch
(Nachsatz:)
weil sie so nach Zwiebeln roch

Ein Hund kam in die Küche
und stahl dem Koch ein Ei
da nahm der Koch die Kelle
und schlug den Hund entzwei
da kamen viele Hunde
und gruben ihm ein Grab
und setzten drauf ein Denkstein
darauf geschrieben stand:
Ein Hund kam in die Küche
und stahl dem Koch ein Ei . . .

Katzengeschichten

Miesekätzchen Miese
wovon bist du so griese?
Ich bin so griese, bin so grau
ich bin das Kätzchen Griesegrau.

Unsre Katz hat Kätzchen ghabt
dreie sechse neune
eins das hat ein Ringlein auf
das ist schon das meine.

Bim bam beier

die Katz mag keine Eier.
Was mag sie dann?
Speck aus der Pfann.
Ei wie lecker ist unsre Madam!

Donnerwetter
mang de Bretter
sitzt 'n Kater
macht Theater
kommt ne Maus
ist alles aus.

ABC
die Katze lief in Schnee

und als sie wieder rauskam
da hat sie weiße Stiefel an
da ging der Schnee hinweg
da lief die Katz im Dreck.

und als sie wieder rauskam
hat sie weiße Hosen an.
A B C
die Katze lief zur Höh
sie leckt ihr weißes Pfötchen rein
und ging nicht mehr in Schnee.

der Hund lief hinterdrein
die Katz fing an zu schrein.

Schnecken

Schneck im Haus
komm heraus
kommen zwei mit Spießen
wollen dich erschießen
kommen zwei mit Stecken
wollen dich erschrecken.

Schneck Schneck schniere
zeig mir deine viere
wenn du sie nicht zeigen willst
werf ich dich in Graben
fressen dich die Raben
fressen dich die Müllermücken
die dich vorn und hinten zwicken.

Schneck Schneck kommt heraus
sonst kommt die Maus
und frißt dich aus.

Schnick Schnack schniere
zeig mir die Hörner viere
wenn du mir die vier nicht zeigst
schmeiß ich dich tausend Häuser weit.

und Störche

Storch Storch Langbein
bring mir ein kleines Brüderlein
Storch Storch bester
bring mir eine Schwester.

Storch Storch Steiner
mit die langen Beiner
flieg mir auf das Bäckerhaus
hol mir einen Wecken raus.

Storch Storch Langbein
wann fliegst du ins Land rein
bringst dem Kind ein Brüderlein?
Wenn der Roggen reifet
wenn der Frosch pfeifet
wenn die goldnen Ringen
in der Kiste springen
wenn die roten Appeln
in der Kiste rappeln.

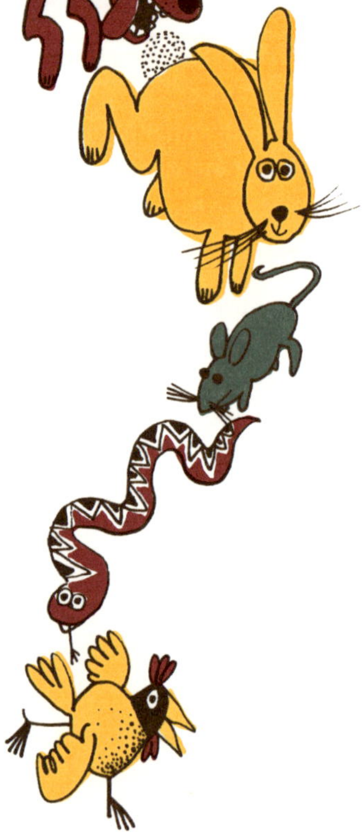

Gefährliche und . . .

Bauer bind den Pudel an
daß er mich nicht beißen kann
beißt er mich
verklag ich dich
tausend Taler kostets dich.
Tausend Taler sind kein Geld
wenn mein Pudel mir gefällt.

Ein Jäger und sein Hund
sahen einen Hasen und
wollten ihn haben, aber
der Has lief in den Haber.

Tuk tuk tuk mien Höneken
wat deist in usen Hoff?
Plockst mi all die Blömeken
maakst et gar to groff.
Moder will di kriegen
Vader will di slaan
tuk tuk tuk mien Höneken
laat de Blömken staan.

. . . ungefährliche Tiere

Gretel Pastetel
was machen die Gäns?
Sie sitzen im Wasser
und waschen die Schwänz.

Suse liebe Suse
was raschelt im Stroh?
Das sind die lieben Gänschen
die haben kein Schuh.
Der Schuster hat Leder
kein Leisten dazu
drum kann er den Gänschen
auch machen kein Schuh.

Gehorsamer Diener!
Was machen die Hühner?
Legen sie brav Eier?

Was kost das Stück?
Einen Dreier.
Das ist mir zu teuer.
Einen Pfennig.
Das ist mir zu wenig.
Einen Zweer.
Das geht schon eher.

Für müde Kinder

Schlaf Kindlein balde
Vöglein fliegen im Walde
sie fliegen den Wald wohl auf und nieder
und bringen dem Kind den Schlaf bald wieder
schlaf Kindlein balde.

Eia pumpum
unser kleiner Jung
will noch nicht alleine schlafen
will sich noch rumpumpeln lassen
Eia pumpum.

Eia wiwi
lütt Gretel slöpt bi mi
nee dat wullt wi anners maken
Gretel schall in Bettken slapen
eia wiwi.

Schlafe liebe Kleine
draußen schlägt es neune
neune ist die Schlafenszeit
für die Kinder weit und breit
Eia wiwi.

Pripe nine sause
der Fuchs steht hinterm Hause
der hat ein langen Schlitten mit
und nimmt die bösen Kinder mit
die guten läßt er zu Hause
pripe nine sause.

Tu die Äuglein zu mein Kind
draußen weht ein arger Wind
will das Kind nicht schlafen ein
bläst er in das Bett hinein
bläst uns alle Federn raus
Federn fliegen um das Haus.
Tu die Äuglein zu.

Schuster Schuster, die Milch kocht über

Hüpfspiele und Hinkekästchen

Die Grundregel aller Spiele lautet: man springt nach einer bestimmten Regel durch die Kästchen, und hat man einen Fehler gemacht (ist z. B. auf einen Strich gesprungen), so muß man erstmal aussetzen und warten, bis die andern Spieler gesprungen sind. Gelingt jemand der vollständige Durchgang gleich auf Anhieb, so ist er Sieger, oder es gibt mehrere Sieger, wenn in der ersten Runde mehrere Kinder fehlerfrei durchkommen. Auf jeden Fall hat der Pechvogel vom ersten Durchgang Gelegenheit, in der nächsten Runde an der Stelle wieder einzusetzen, bei der er vorher gepatzt hat, und er hat auf diese Weise bei schwierigen Spielen durchaus noch die Möglichkeit zu siegen, denn die andern Spieler werden wahrscheinlich auch Fehler machen. Es gibt so viele Durchgänge, daß alle Spieler zum Ende kommen können – wenn sie nicht schon vorher die Lust verlieren.

Beginnen wir mit der einfachsten Figur. Man hüpft von Kästchen zu Kästchen, dann im Grätschsprung in die beiden 5, es folgt ein Wendesprung wieder in die 5 hinein, und mit Sprüngen in die 4, 3, 2, 1 hinaus.
Abwandlung: Bei jedem Sprung muß ein Mädchenname gesagt werden oder ein Jungenname, eine Automarke, eine Farbe, ein Fluß oder was sonst gerade aktuell ist.

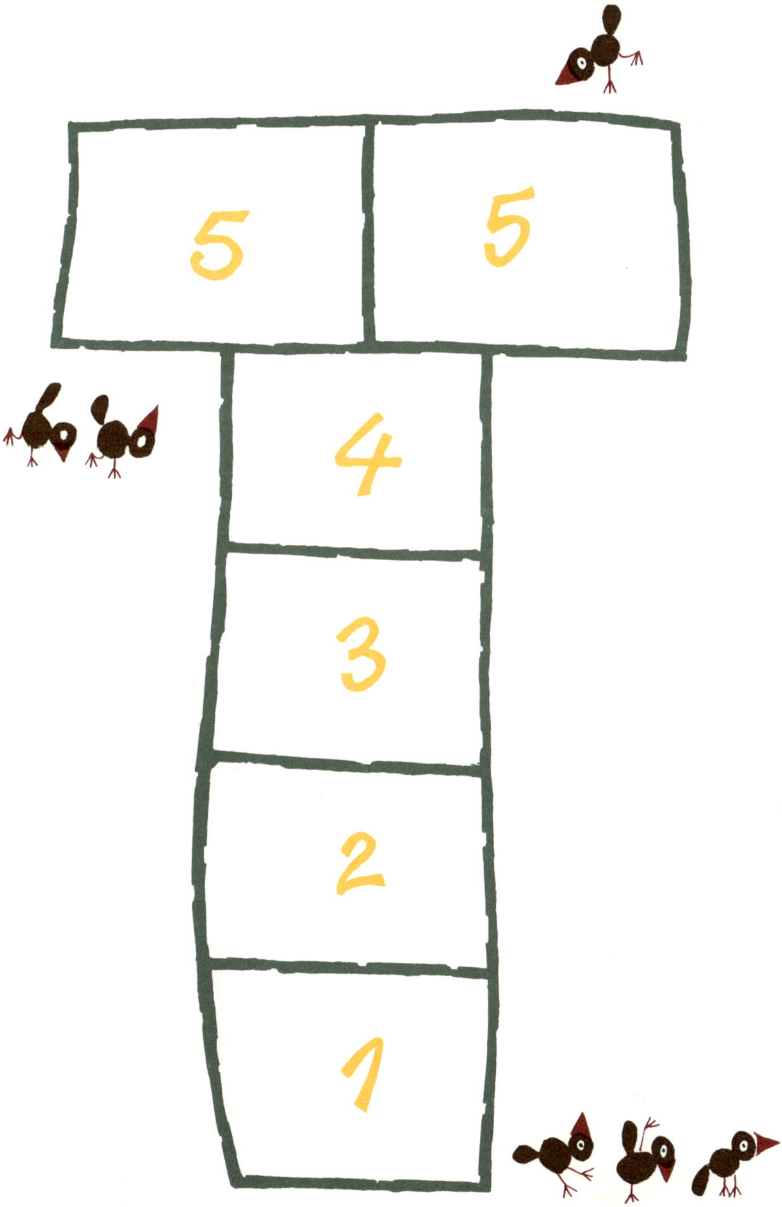
5
5
4
3
2
1

Dies ist die »Woche«:

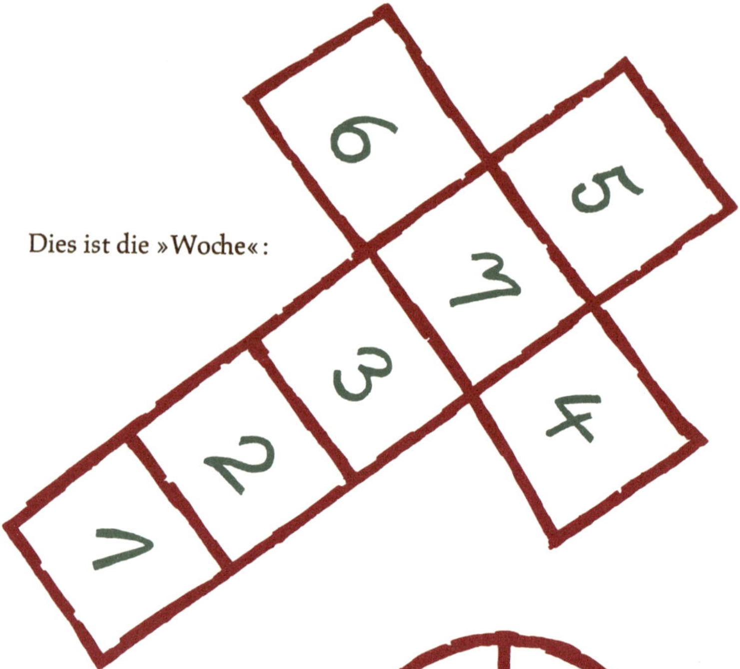

Das ist der »Pilz«:

Und das schließlich der »Mann«:

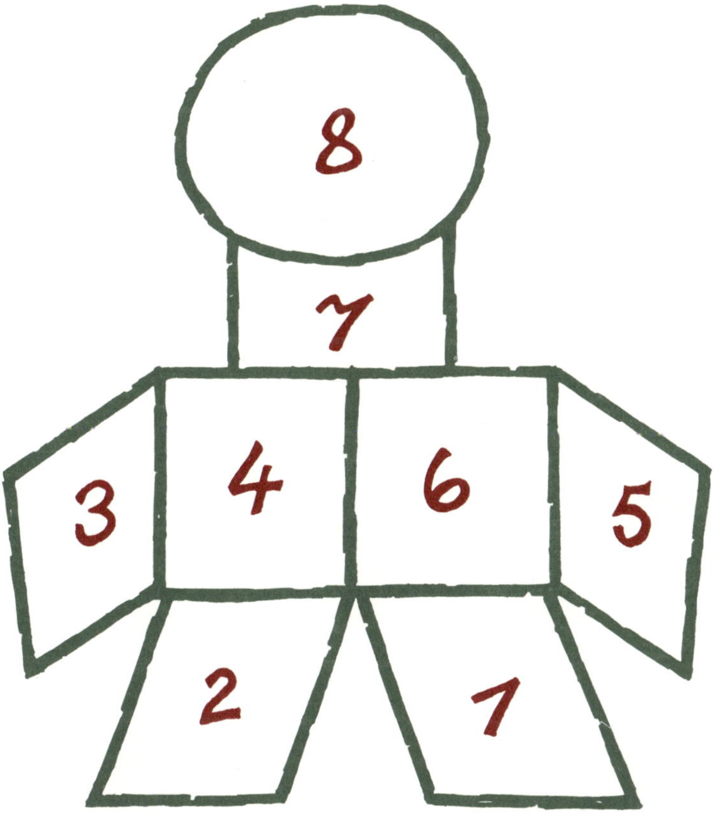

Die Zahlen bezeichnen die Reihenfolge, in der gesprungen wird. Beim »Pilz« springt man mit Grätschsprung in 2/3 und 5/6, dort erfolgt der Wendesprung. Bei der »Woche« und beim »Mann« wird in 7 bzw. 8 gewendet und durch alle Kästchen wieder nach draußen gesprungen.

Am bekanntesten ist »Himmel und Hölle«:

Natürlich darf man auf keinen Fall in die »Hölle« treten; im »Himmel« kann man sich ausruhen und wenden, ehe man hinausspringt. In die nebeneinander liegenden Kästchen geht es wieder im Grätschsprung.
Für diese wie für die anderen Figuren gibt es folgende Hüpfregeln:

1. Durchgang: im Schlußsprung, d. h. mit beiden Füßen nebeneinander oder im Grätschsprung hindurch,
2. Durchgang: im Schersprung hindurch, d. h. mit gekreuzten Beinen,
3. Durchgang: im Storchensprung, d. h. auf einem Bein hüpfend,
4. Durchgang: blind hindurch, d. h. mit geschlossenen Augen.

Wer alle Durchgänge geschafft hat, kann ein Feld als sein Haus bezeichnen, indem er es durchkreuzt und seinen Namen hineinschreibt. Kein anderes Kind darf mehr hineinspringen, und damit wird das Spiel noch schwieriger!
Sieger ist dann, wer die meisten Häuser hat.

Ähnlich ist das Prinzip der »Schnecke«:

Wer einmal fehlerfrei bis 10 gehüpft ist und ohne Fehler wieder hinaus, darf seinen Namen in eines der Felder eintragen. Jetzt müssen alle Mitspieler dieses Feld überspringen, nur der Besitzer darf es betreten. Allerdings darf er, auch wenn er wieder einen Durchgang fehlerfrei geschafft hat, kein zweites Feld direkt hinter oder vor seinem Haus mit seinem Namen belegen. Auch hier ist Sieger, wer am meisten Kästchen mit seinem Namen gezeichnet hat.

Beim »Wagenrad« geht es nur darum, fehlerfrei über die Runden zu kommen. Hier muß man wieder einen Namen, einen Fluß, eine Farbe und dergleichen hersagen, allerdings immer zweimal den gleichen. Deshalb muß das Wagenrad eine gerade Zahl von Feldern haben. Wer auch nur einmal stockt beim Hersagen der Namen, wird vom nächsten Spieler abgelöst.

A = Anfang
E = Ende

Größeren Kindern genügen diese einfachen Aufgaben nicht, sie denken sich schwierigere Figuren aus. Da gibt es das Zahlenkästchen, bei dem man die Zahlen beliebig verteilt, so daß es nicht ganz leicht ist, zur nächstfolgenden Ziffer zu kommen. Mehr als zwei Kästchen sollen nicht zwischen zwei aufeinander folgenden Zahlen liegen. In die toten Ecken malt man ein R = Ruhekästchen. So ein Zahlenfeld kann bis zur Ziffer 30 gehen.

8	3	7	R
6	9	5	10
4	2	13	1
R	12	0	11

5	30	6	29	7	28	24	R
12	3	13	2	17	25	18	22
4	11	9	16	8	27	23	19
R	10	14	1	15	26	20	21

Sehr aufmerksam muß man bei der folgenden Figur sein. Da sind in Abkürzung die Begriffe aufgeschrieben, zu denen einem etwas einfallen muß – aber schnell! Es müssen also immer zwei Wörter aus derselben »Schublade« sein, denn man springt von M zu M, zu J und zu J, zu F und F und so weiter. Wer zögert, scheidet aus.

T	T	S	S
F	F	L	L
J	J	B	B
M	M	O	O

Anfang

	T =	Tier
	F =	Farbe
	J =	Jungenname
	M =	Mädchenname
	S =	Stadt
	L =	Land
	B =	Blume
	O =	Obst

Im Thüringer Wald spielen die Kinder den halben Nachmittag lang ihr »Huppen« mit einer ganz einfachen Figur, aber nach einer sehr komplizierten Regel.

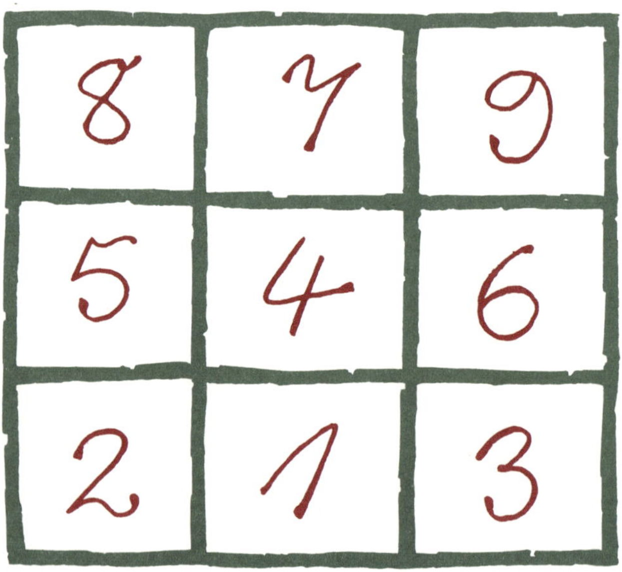

1. Durchgang: in 1, mit gegrätschten Beinen in 2/3, in 1 und raus. In 4, in 5/6, in 4, in 1, in 2/3, in 1 und raus. In 7, in 8/9, in 7, in 4, in 5/6, in 4, in 1, in 2/3, in 1 und raus – ohne wenden!

2. Durchgang: auf einem Bein in 1, 4, 7, 4, 1

3. Durchgang: als Storch (Bein festhalten) in 1, 4, 7, 4, 1

4. Durchgang: im Schersprung (mit gekreuzten Beinen) in 1, 4, 7, 4, 1

5. Durchgang: Ecke, d. h. in 3, in 1/6, in 4, in 5/7, in 8, in 5/7, in 4, in 1/6, in 3 und raus.

6. Durchgang: Hexentanz, d. h. bei jedem Sprung eine halbe oder viertel Drehung, und zwar in 3, 6, 9, 7, 8, 5, 2, 1, 3 und raus.

7. Durchgang: das ganze Programm (oder die beliebteste Nummer) mit geschlossenen Augen.

8. Durchgang: Hexentanz, dazu das Nennen von Begriffen wie Blume, Baum, Farbe, wobei auch hier wieder jeder Name zweimal gesagt werden soll, also: Dahlie, Dahlie, Aster, Aster, Glockenblume, Glockenblume usw.

Schließlich kann man durch alle diese Kästchen auch noch mit Stein hüpfen, und da kann man die Geschicklichkeit der Kinder nur bewundern! Ich will das Prinzip des Hüpfens mit Stein an der einfachen »Woche« erläutern:

Stein in Montag werfen, auf einem Bein in Dienstag springen, dann in Mittwoch, Donnerstag, Freitag, Samstag und mit beiden Beinen in Sonntag, zum Ausruhen. Nun auf einem Bein durch Mittwoch in Dienstag hüpfen, auf einem Bein stehend den Stein angeln und über Montag hinweg nach draußen springen.
Nächster Durchgang: Stein in Dienstag werfen, durch alle Tage springen, auf dem Rückweg von Mittwoch aus den Stein holen, über Dienstag in Montag springen und hinaus. So gibt es insgesamt sieben Durchgänge, denn bei jedem Durchgang wird der Stein in ein anderes Tages-Kästchen geworfen. Wie man dabei z. B. von Freitag aus auf einem Bein stehend den Stein aus Donnerstag herausholt, muß man sich von Kindern vormachen lassen – sie können es!

Auch durch die folgende Figur hüpft man mit Stein. Und auch hier muß für ein vollständiges Spiel der Stein der Reihe nach einmal in jedes Feld geworfen und von dort wieder herausgeholt werden, doch sagen die Kinder, daß das bei solch schwierigen Figuren nicht immer glückt. Wer den Stein so ungeschickt in die Ecke eines Feldes geworfen hat, daß er ihn nicht mehr erreichen kann, muß aussetzen, bis alle durch sind bzw. einen Fehler gemacht haben, so, wie es am Anfang beschrieben wurde.
In 5/6 wird breitbeinig gehüpft, ebenso in 9/10, dort erfolgt der Drehsprung.

9
10
8
7
5
6
4
3
2
1

Das ist der »Hampelmann«. Er unterscheidet sich nicht nur in der Form ein wenig von der vorherigen Figur, sondern auch in der Spielregel.

Wenn der Stein in 3, 4, 6 oder 7 liegt, springt man zunächst an ihm vorbei, also nicht breitbeinig in die Kreisfelder. Man holt den Stein dann auf dem Rückweg vom Nachbarfeld aus. Die Regel des Überspringens bei dem Feld, in dem der Stein liegt oder aus dem man ihn geholt hat, gilt nur für 1, 2 und 5.

Aus der folgenden einfachen Figur haben die Thüringer Kinder ein kniffliges Spiel entwickelt. Zunächst die Grundform, wie sie in vielen Gegenden gespielt wird:

Also: Stein ja nicht ins Wasser werfen, sonst scheidet man ganz aus, sondern Stein in 1 werfen, nachspringen, beim Springen auf einem Bein den Stein von Feld zu Feld bis 10 schieben, wieder zurück und von 1 aus nach draußen. Danach Stein in 2 werfen, nachspringen, bis 10 schieben usw.

Thüringische Fassung:

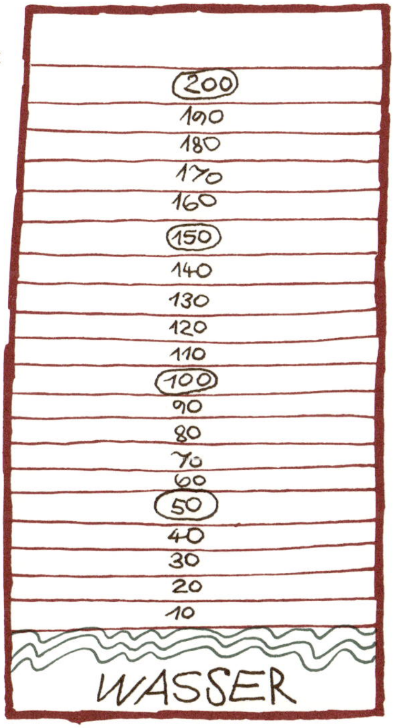

Wiederum darf man ja nicht ins Wasser werfen oder treten. Die Regel ist zunächst die gleiche wie oben, der Stein wird von 10 bis 200 weitergeschoben, doch sind 50, 100, 150 und 200 Ruheplätze, in die man mit beiden Füßen springen darf. Die Ruhe braucht man auch gelegentlich, denn die besondere Schwierigkeit bei diesem Spiel liegt darin, daß man bei den Sprüngen von 100 bis 200 außer dem Schieben des Steins auch noch eine halbe Drehung machen muß, so daß man rückwärts in jedem Feld landet, sich noch einmal dreht, um hinter dem Stein zu stehen, ihn wieder weiterstößt und mit einer halben Drehung im nächsten Feld landet. Weiter als bis 160 kann man allerdings den Stein nicht werfen, sagen die Kinder.

Doch auch am Rhein habe ich eine phantasievolle Ableitung aus der Grundform gesehen:

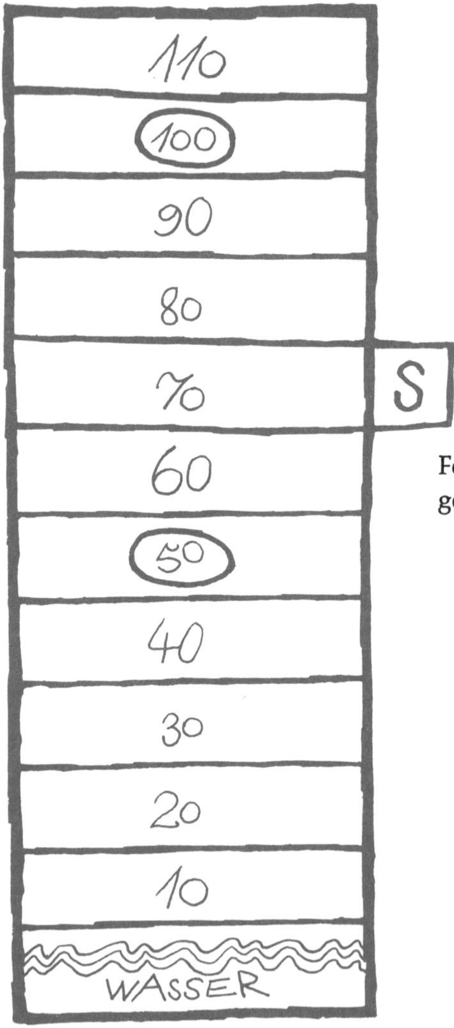

Feld 70
gehört jetzt Sabine

Man steht vor dem Wasser und wirft den Stein in irgendeines der Felder, springt auf einem Bein bis dorthin und schiebt den Stein, auf einem Fuß hüpfend, nach draußen. Natürlich darf er hier wie bei den andern Stein-Spielen nie auf einem Strich zum Liegen kommen! Hat man den Stein weiter als bis 50 oder 100 geworfen, kann man ihn auf dem Rückweg von der 50 oder 100 aus, in die mit beiden Füßen gesprungen wird, direkt nach draußen schießen. Glückt das, hat man 50 oder 100 Punkte. Wer 200 Punkte erreicht hat, stellt sich rückwärts vor das Wasser und hat drei Würfe frei, mit denen er versucht, den Stein in eins der Felder zu werfen. Bleibt er wirklich in einem Feld liegen, gehört das demjenigen, der geworfen hat; er malt ein kleines Kästchen mit seinem Namen an die Seite, und wer jetzt in dieses Feld springt, scheidet so aus, als wäre er ins Wasser gesprungen.

Ruhekästchen gibt es schließlich auch bei dem folgenden Spiel: In die Felder 4 und 7 springt man zunächst breitbeinig, wendet in 8 und springt wieder hinaus nach einer der beschriebenen Spielregeln. Hat man einen vollständigen Durchgang geschafft, kann man an eine der Vieren oder Siebenen in einem kleinen Seitenkästchen seinen Namen schreiben. Nun dürfen die andern nicht dort hineintreten, müssen also vielleicht an der einen 4 oder 7 vorbeispringen und schließlich über die 4 oder 7 ganz hinwegspringen. Wer die meisten Häuschen hat, ist Sieger.

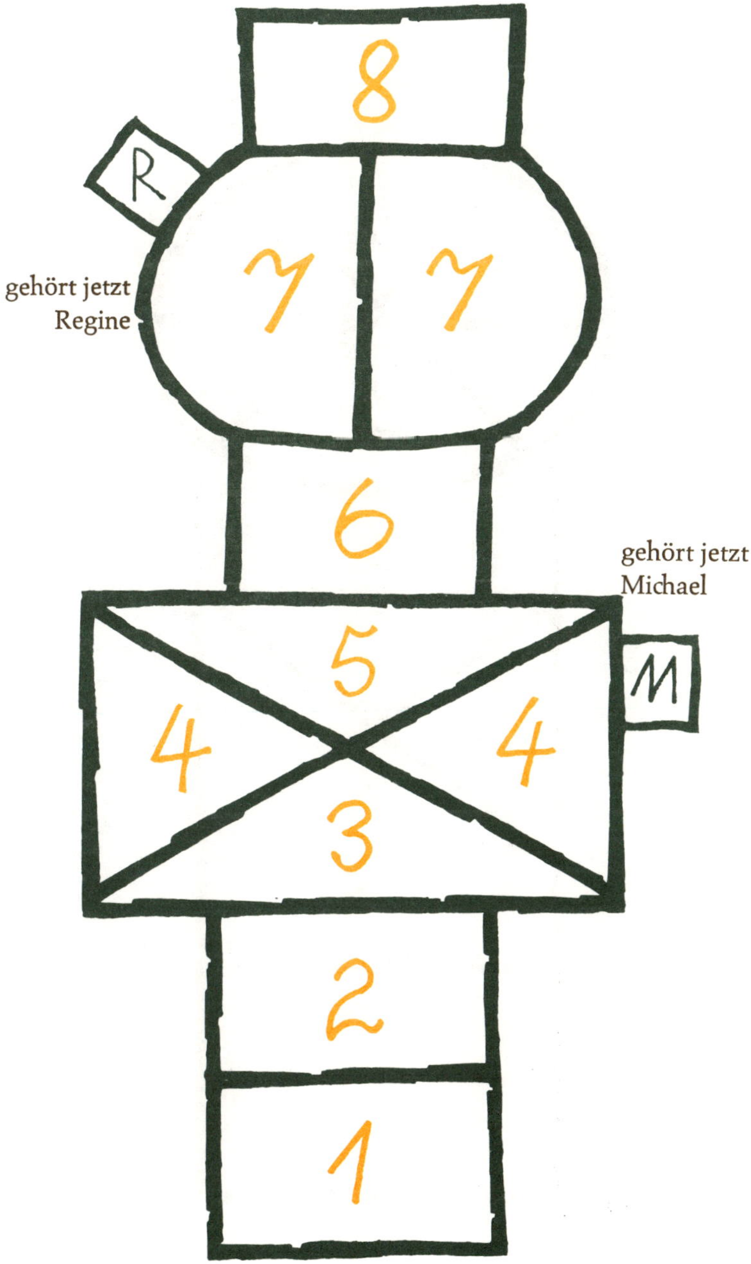
8
R
7
7
gehört jetzt
Regine
6
gehört jetzt
Michael
5
M
4
4
3
2
1

Den Schluß der Huckekästchen soll eine Figur aus Westfalen bilden. Sie hat dem Spiel den Namen »Scheibenschubsen« gegeben, weil sie am Ende eine Scheibe trägt.

Und dies sind die Regeln, nach denen in Westfalen gespielt wird:

1. Durchgang: Hüpfen auf dem rechten Bein,
2. Durchgang: Hüpfen auf dem linken Bein,
3. Durchgang: Hüpfen mit geschlossenen Beinen,
4. Durchgang: Gehen mit einem Stein auf dem Kopf,
5. Durchgang: Gehen mit einem Stein auf dem Fuß,
6. Durchgang: Springen mit einem zwischen die Füße geklemmten Stein,
7. Durchgang: Blindes Gehen (mit geschlossenen Augen).

Und was spielt man im Winter draußen, in Gegenden, in denen es keine geräumten Bürgersteige und Schulhöfe gibt und in denen der Schnee lange liegen bleibt? In Süddeutschland spielt man dann »Katz und Maus im Schnee«, ein Spiel für wenigstens vier Kinder.

Zunächst treten die Kinder in ein schönes unberührtes ebenes Schneefeld ein Gewirr von Bahnen, indem sie, die Füße nebeneinander, seitwärts gehen. Die Bahnen dürfen nicht zu eng geführt sein, sonst kann man nicht darauf rennen! Danach tritt sich jeder Spieler zwischen die Bahnen ein rundes Haus, das zwei oder drei Ausgänge haben soll. Nun wird eine Katze ausgelost, die andern Spieler sind Mäuse. Sie stellen sich in ihr Haus, die Katze tritt vor eines der Häuser und ruft: »Maus, Maus, komm heraus!« Die Maus: »Das tu ich nicht!« Die Katze: »Geb dir Speck!« Die Maus: »Den mag ich nicht!« Die Katze: »Dann kratz ich dir die Augen aus!« Die Maus: »Versuch's doch!« Die Maus rennt aus dem Haus, die Katze läuft hinterher, die Maus versucht, ihr Haus wieder zu erreichen – gelingt es ihr, ist sie gerettet. Nun muß die Katze sich vor einem andern Mäusehaus aufbauen. Hat sie eine Maus erwischt, kann sie sie als Gefangene in ihr Haus bringen, oder die gefangene Maus muß Katze sein. Auch wer statt auf den Weg daneben tritt, muß Katze sein.

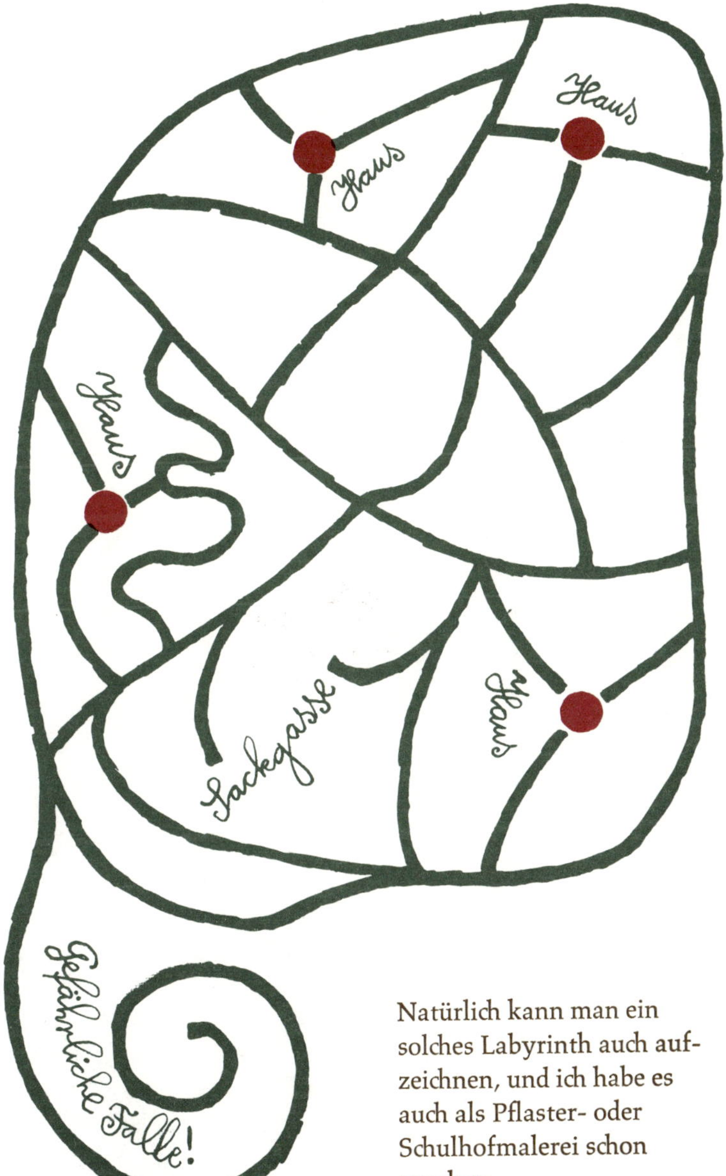

Natürlich kann man ein solches Labyrinth auch aufzeichnen, und ich habe es auch als Pflaster- oder Schulhofmalerei schon gesehen.

Schuster, Schuster, die Milch kocht über! Der Schuster steht in der Mitte einer großen Schnecke. Ein Kunde nähert sich dem Ende der Schnecke, ruft: »Klingeling« und wird vom Schuster reingebeten. Er kommt herein, sagt, er wolle ein paar Schuhe kaufen, und der Schuster malt sorgfältig den Umriß der Schuhe des Kunden in seinen Laden. Dann verlangt der Schuster Geld. Da aber ruft der Kunde: »Schuster, Schuster, die Milch kocht über!« und läuft davon, durch alle Windungen der Schnecke hindurch. Gelingt es dem Schuster, ihn vor deren Ende zu fangen, so tauschen die beiden ihre Rollen.

Hat man viele Mitspieler, kann man ein einfaches Schneckenrennen veranstalten, bei dem in die Mitte der Schnecke irgendwelche Preise, wie z. B. Bonbons, gelegt werden. Alle rennen auf ein Zeichen hinein in die Schnecke und ihre Windungen – das ist ebenso reizvoll wie aufreizend, denn natürlich gibt es bald Streit, weil einer nicht richtig gelaufen ist.

Die einfachste Straßenzeichnung, nämlich nur einen Kreis, braucht man für das folgende Spiel. Es ist besonders bei Jungen sehr beliebt, anscheinend, weil sie sich dabei richtig austoben können; denn es ist eigentlich ein rauhes Kräftemessen.

Die Spieler stellen sich rund um den Kreis auf, fassen sich an den Händen und ziehen und zerren hin und her mit dem Ziel, einen von ihnen in den Kreis treten zu lassen. Wem das passiert ist, der scheidet aus. Sind mehrere ausgeschieden, muß man den Kreis kleiner zeichnen, weil die Spieler ihn nicht mehr umspannen können. Das geschieht je nach Zahl der Mitspieler noch ein oder zwei Mal, bis nur noch zwei Jungen um einen kleinen Kreis herumrangeln und ein Sieger schließlich übrigbleibt.

Noch ein Spiel mit Straßenzeichnung, Stöckchen (30 cm lang und ziemlich dick) und einer komplizierten Spielregel: »Zwerg Nase«.

Jeder Spieler malt sich einen Kreis von etwa einem Meter Durchmesser (oder tritt ihn in den Schnee, denn auch im Schnee kann man »Zwerg Nase« spielen). A beginnt, er versucht, den Stock in Bs Kreis zu werfen. B versucht, den Stock mit dem Fuß abzuwehren. Glückt ihm das nicht, wird von seinem Kreis vom Rande aus ein Sektor abgezwackt, und zwar in Breite des Stöckchens bis zu diesem hin. B macht diese Zeichnung selbst, die andern passen natürlich auf, daß er nicht zu wenig Land einbüßt. Danach wirft B das Stöckchen zum Kreise eines andern Spielers. – So weit, so einfach. Wenn es B aber gelingt, den Stock abzuwehren, so daß er außerhalb seines Kreises niederfällt, geht es auf folgende komplizierte Weise weiter: Jeder Spieler, oder jedenfalls die am nächsten Stehenden, rennt zu dem Stöckchen und versucht, als erster einen Fuß auf den Stock zu setzen. Wenn das C gelingt, kann er von seinem Kreis aus eine Nase bis zu dem Stock machen – das kann eine sehr lange Nase sein! Ja, vielleicht müßte man sogar eine andere lange Nase kreuzen, und da das nicht möglich ist, darf man sie mit einer noch längeren umgehen. Die Nase gehört nun zum eigenen Bereich und gibt einem für viele Würfe eine günstigere Startposition. Allerdings muß man die Nase in der kürzesten Richtung anlegen, nicht etwa von einer entfernten Stelle des eigenen Gebietes aus. Gewinner ist, wer am Schluß über das größte Gebiet verfügt.

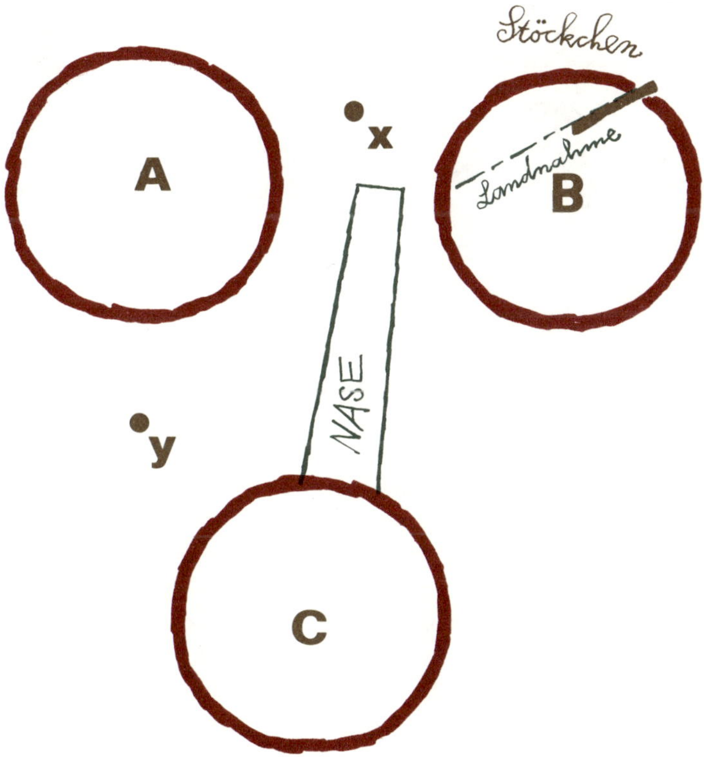

Nicht immer hat man so viel Glück wie C, dessen Nase in besonders günstiger Lage ist. Pfiffige Schüler haben deshalb noch die Abwandlung erfunden, daß man die Nase in der günstigsten Position zum eigenen Kreis malen kann, nachdem man vorher den Abstand bis zum Stöckchen ausgemessen hat. A könnte also, wenn er den Stock bei X erwischt hat, eine Nase in Richtung Y malen, die so lang ist wie die Entfernung zu X.

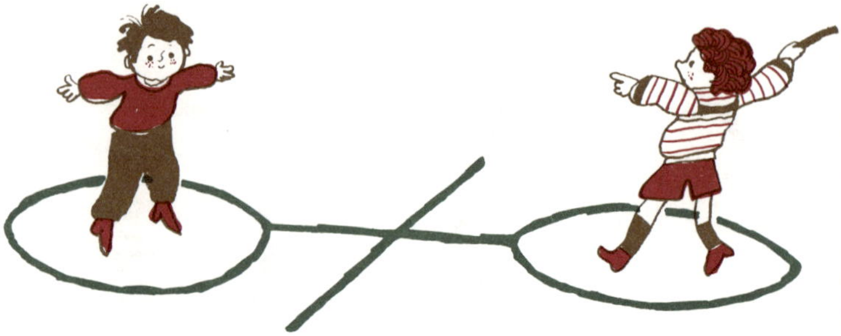

Hier ist noch ein Spiel für zwei Spieler. Jeder malt sich einen Kreis, zwischen beiden wird eine Verbindungslinie gezogen und die Mitte abgeschritten und markiert. Es geht darum, ein Stöckchen in das Feld des Gegners zu werfen – gelingt das, bekommt man einen Punkt, und wer die meisten Punkte hat, ist Sieger. Kann man den Stock aus der Luft abfangen, darf man zum nächsten Wurf auf den Mittelstrich gehen und von dort aus werfen, das vergrößert natürlich die Chance des Treffens. Kann man den Stock abwehren, so daß er außerhalb des Kreises niederfällt, z. B. bei X, muß man den nächsten Wurf von dort aus tun.

A
MITTE
MITTE
B

Und zum Schluß ein ganz »unpädagogisches« Spiel, ein Spiel, bei dem mit einem Messer geworfen wird. Ich möchte es trotzdem empfehlen, weil ich meine, daß man Kindern immer zu wenig zutraut und weil sie Gelegenheit haben sollten, auch mit gefährlicheren Gegenständen in der richtigen Weise umzugehen. Jedenfalls habe ich noch nie von einer Verletzung bei diesem Spiel gehört.

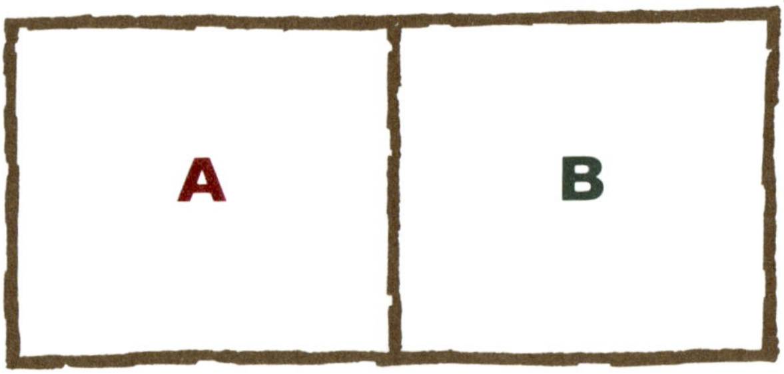

Wieder ist es ein Spiel für zwei Spieler, die jeder ein rechteckiges Stück Land vor sich markiert haben. Allerdings geht das diesmal nicht auf Pflaster oder Schulhof, denn der Boden muß weich genug sein, daß ein Messer darin steckenbleibt. Nun wirft A in das Feld von B, und wenn sein Messer steckenbleibt, kann er diesem ein Stück Land abschneiden mit einer Linie, die zwei Außenkanten des Feldes von B verbindet. B wird sicher darauf achten, daß diese Linie so gezogen wird, daß er möglichst wenig Land verliert. Dann wirft B in As Feld, sein Messer fällt aber flach zu Boden – er darf nichts von As Feld abtrennen. Verloren hat man, wenn es nicht mehr möglich ist, ein eingestochenes Messer mit einer der drei Außenkanten des eigenen Feldes zu verbinden. Übrigens geschieht hier keine Landnahme, man kann immer nur Land verlieren.

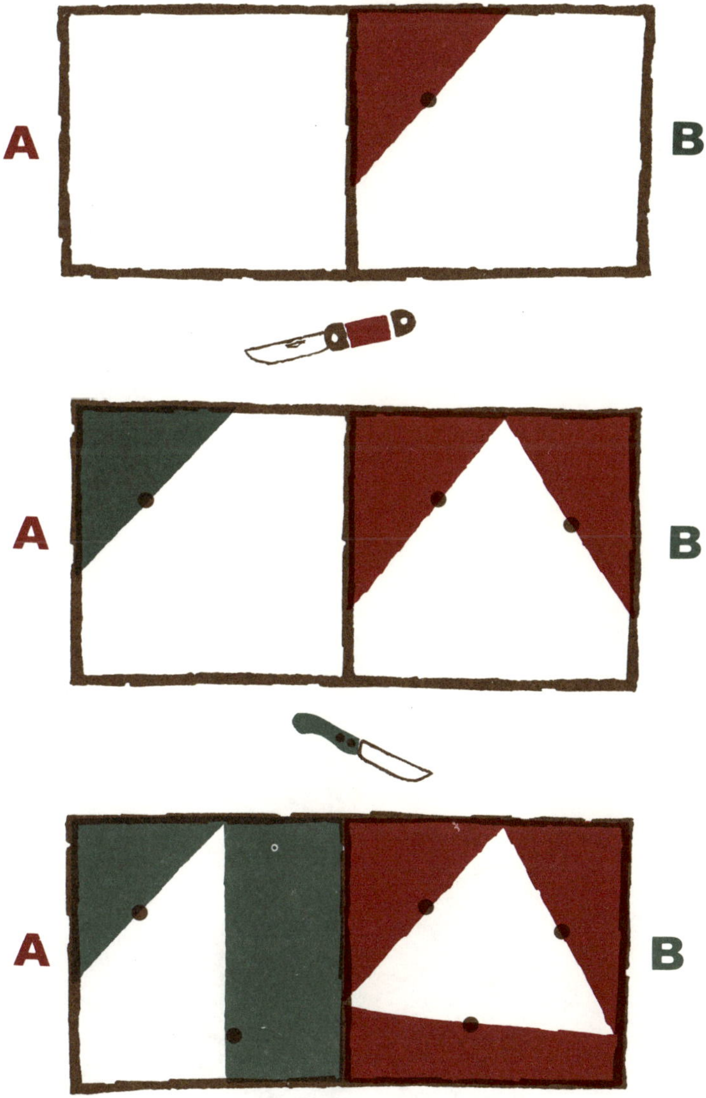
A
B
A
B
A
B

Nackter Spatz

und andere Würfelspiele

Spiele mit einem Würfel

Hausnummer

1 Würfel (Papier und Bleistift)

Jeder Spieler würfelt dreimal, jeder Wurf steht für eine Ziffer in seiner »Hausnummer«, einer dreistelligen Zahl. Der Spieler kann bestimmen, an welcher Stelle der erste bzw. zweite Wurf stehen soll. Gewinner ist, wer die höchste Hausnummer erwürfelt hat. Spielt man um eine Runde, so wird der gesucht, der zu bezahlen hat: das ist der Spieler mit der niedrigsten Hausnummer.

Beispiel:
Erster Wurf: 3; Spieler entscheidet: sie soll an 2. Stelle stehen.
Zweiter Wurf: 5; Spieler entscheidet: sie soll an 1. Stelle stehen.
Dritter Wurf: 6; Spieler ärgert sich, weil er nur 536 erwürfelt hat, obgleich 653 möglich gewesen wäre.

Nackter Spatz

1 Würfel und Würfelbecher
(evtl. auch Papier und Bleistift)

Bei diesem Spiel würfelt man nicht für sich, sondern für den linken Nachbarn. Will man einen Verlierer feststellen (der die besagte Runde auszugeben hat), so wird so lange im Kreis herum gewürfelt, bis einmal unter dem Würfelbecher eine 1 liegt. Das ist der »nackte Spatz««; wer ihn bekommen hat, ist Verlierer.

Wenn es nicht darum geht, möglichst rasch einen Verlierer auszuwürfeln, kann man den »nackten Spatz« etwas phantasievoller behandeln. Dann wird jedem Spieler die Zahl gutgeschrieben, die er beim Anheben des Bechers vorfindet, ein »nackter Spatz« (eine 1) aber wird dem Würfler abgezogen. Gewonnen hat, wer nach zehn Runden die meisten Punkte sammeln konnte.

Läusespiel

1 Würfel, Tischplatte und Kreide (oder Papier und Filzstifte)

Jeder Spieler wählt seine »Lausezahl« unter den Zahlen von 1 bis 6 und schreibt sie vor sich auf den Tisch (aufs Papier). Um diese Zahl herum entsteht seine Laus. Es wird im Kreis reihum gewürfelt. Wer dabei seine »Lauszahl« erwischt, darf ein Stückchen Laus malen: erst den Körper in einem Zug, dann den Kopf, nacheinander die sechs Beine, dann die Augen und die Fühler nacheinander, und schließlich bekommt die Laus noch einen Schwanz, damit sie nicht gar so echt aussieht. Wer seine Laus zuerst fertig hat, hat gewonnen.

Glücks-Eins

1 Würfel

Bei diesem Spiel zählt nur die 1. Der Würfel kreist so lange in der Runde, bis einer einundzwanzigmal die 1 gewürfelt hat. Wer zuerst bei 21 ist, ist Sieger. Aber schnell muß gespielt werden!

Unglücks-Eins

1 Würfel, Papier und Bleistift

Man darf so lange würfeln und sich Punkte anrechnen, bis man eine 1 würfelt – dann geht der Würfel an den Nachbarn weiter. Wer zuerst 101 erreicht, ist Sieger.

Oder, noch schlimmer: Demjenigen, der eine 1 würfelt, werden alle seine vorigen Würfe ausgestrichen. Da heißt es Maßhalten üben! Besser, man läßt erst mal die schon erreichte Zahl aufschreiben und gibt den Würfel an den Nachbarn freiwillig weiter, als daß man sich mit einer 1 alles verdirbt. In dieser Fassung ist es noch aufregender, die 101 zu erreichen.

Würfelrennen – Stumme Jule

1 Würfel, Tisch und Kreide (oder Papier und Stifte)

Beiden Spielen liegt ein Zahlenstern zugrunde, doch ist die Spielweise ganz verschieden.

Zahlenstern für fünf Mitspieler:

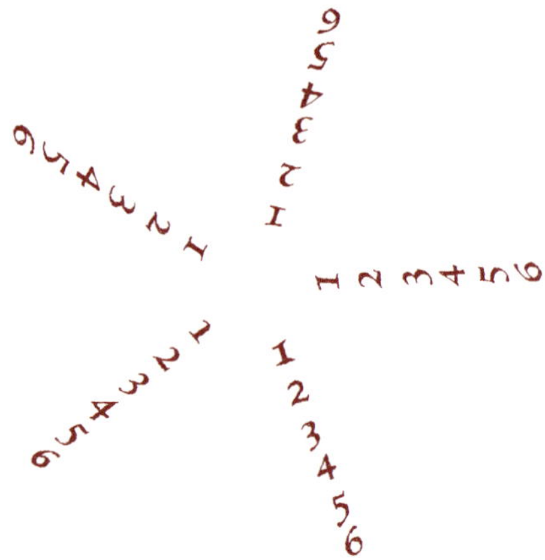

Würfelrennen

Jeder Spieler schreibt von seinem Platz aus die Zahlen von 1 bis 6 zur Mitte des Tisches oder des dort liegenden Papiers, wie es die Figur oben für fünf Spieler zeigt: das ist seine Würfelrennbahn. Es wird reihum gewürfelt, bei jedem Wurf darf man die Zahl auslöschen, die man gewürfelt hat, und wer zuerst in der Mitte angelangt ist und alle Zahlen gelöscht hat, ist Sieger – wenn einem nicht unterdessen der rechte Nachbar eine Zahl wieder hingeschrieben hat! Denn wer eine Zahl würfelt, die er bei sich schon gelöscht hat, darf sie seinem linken Nachbarn hinschreiben. Wenn der die Zahl aber noch stehen hat, so muß man sie sich selbst wieder anschreiben. Beispiel: Peter hat nur noch die Zahlen 6, 4 und 1 in seiner Reihe. Er würfelt eine 3. Die will er seinem linken Nachbarn anschreiben. Der aber hat noch selbst eine 3. Nun muß Peter sich die 3 in seine eigene Reihe schreiben und kann nur hoffen, daß er sie bald löschen kann.

Wer nach diesem Spiel, bei dem es oft heiß hergeht, für eine Weile seine Ruhe haben will, der kann nach dem gleichen Schema

Stumme Jule

spielen. Wieder wird reihum gewürfelt. Diesmal ist der Tisch (das große Papier) noch ganz leer. Wer eine 6 würfelt, schreibt sie hin, wenn er danach eine 5 würfelt, schließt sie sich an, dann muß eine 4 gewürfelt und aufgeschrieben werden und so fort bis zur 1, so daß wiederum ein Zahlenstern entsteht. Nun werden die Zahlen ausgelöscht (ausgestrichen): zuerst die 1, dann die 2 usw., wenn man die richtige Zahl gewürfelt hat. Wer zuerst alle Zahlen gelöscht hat, ist Sieger – aber nur, wenn er bis zu dieser Minute kein Wörtchen gesagt hat. Wer spricht, muß ganz von vorn anfangen.

Fischgericht

1 Würfel, Papier und Filzstifte

Das richtige Spiel für kleinere Kinder, auch wenn sie keinen Fisch mögen. Jeder Spieler malt auf sein Papier einen schönen Fisch mit Schuppen – mit vielen Schuppen, wenn das Spiel lange dauern soll, und mit nur acht oder zehn, wenn man nicht so viel Geduld hat. Alle Fische müssen die gleiche Anzahl Schuppen haben. Nun bekommt jede Schuppe eine Zahl aus der Reihe von 1 bis 6. Es wird in der Runde gewürfelt. Die Schuppe, deren Zahl man erwürfelt hat, darf man bunt ausmalen. Hat man eine Zahl geworfen, für die keine Schuppe mehr frei ist, so kann man in dieser Runde nichts ausmalen. Sieger ist, wer zuerst alle Schuppen seines Fisches bunt ausgemalt hat.

Man kann auch einen großen Familienfisch malen, der mitten auf den Tisch gelegt wird. Er erhält viele Schuppen. Die Mitspieler haben jeder einen bunten Stift in ihrer eigenen Farbe, mit der sie eine Schuppe ausmalen können, wenn sie die richtige Zahl gewürfelt haben. Hier ist Sieger, wer am Ende die meisten Schuppen in seiner Farbe angemalt hat.

Hinkebein

1 Würfel, Papier und Bleistift

Ein Spiel für Leute, die aufpassen und rechnen können – oder es lernen sollen. Man würfelt siebenmal hintereinander: Wurf eins und zwei werden zusammengezählt, Wurf drei wird davon abgezogen, Wurf vier wieder hinzugerechnet, Wurf fünf abgezogen, Wurf sechs kommt hinzu und Wurf sieben wird noch einmal abgezogen. Wer hat die höchste Zahl? (ohne sich zu verrechnen!)

Macao

1 Würfel

Die alte portugiesische Kolonie Macao in China scheint ein gefährlicher Ort gewesen zu sein. Jedenfalls gibt es bei dem Spiel gleichen Namens leicht einen »Toten« – das ist jemand, der sein Glück unvorsichtig riskiert hat.
Dreimal muß man, viermal kann man würfeln. Ziel ist es, möglichst nahe an die 12 heranzukommen. Wer über 12 hinausschießt, ist tot. Wer 12 würfelt, gewinnt, oder es gewinnt der, der in einer Runde der 12 am nächsten gekommen ist.

Die letzte Stunde

1 Würfel, Tisch und Kreide (oder Papier und Filzstifte), Spielmarken

Auf den Tisch (aufs Papier) werden sechs Uhren gemalt, die alle fünf Stunden zeigen und selbst eine Nummer bekommen, und zwar so, daß die I. Uhr keine 1 hat, die II. Uhr keine 2, die III. keine 3 und so fort. Man würfelt zweimal in jeder Runde: der erste Wurf benennt die Uhr, der zweite die Stunde, auf die man eine Marke zu legen hat. Liegt an dieser Stelle schon eine Spielmarke, so kann man sie einkassieren. Beispiel: Erster Wurf 5, zweiter Wurf 3: man muß auf die 3 in der Uhr Nr. V eine Marke legen. Wer Glück hat, kann statt dessen eine Marke einkassieren.
Wer einen Pasch würfelt (also zweimal die gleiche Zahl), darf sich alles Geld von seiner gewürfelten Uhr herunternehmen, also bei einem Zweierpasch die ganze II. Uhr abräumen. Wer aber einen Pasch würfelt, dessen Uhr ganz leer ist, für den schlägt die »letzte Stunde«: er muß auf alle Zahlen dieser Uhr eine Spielmarke legen. Verloren hat, wer sein Spielgeld verspielt hat.

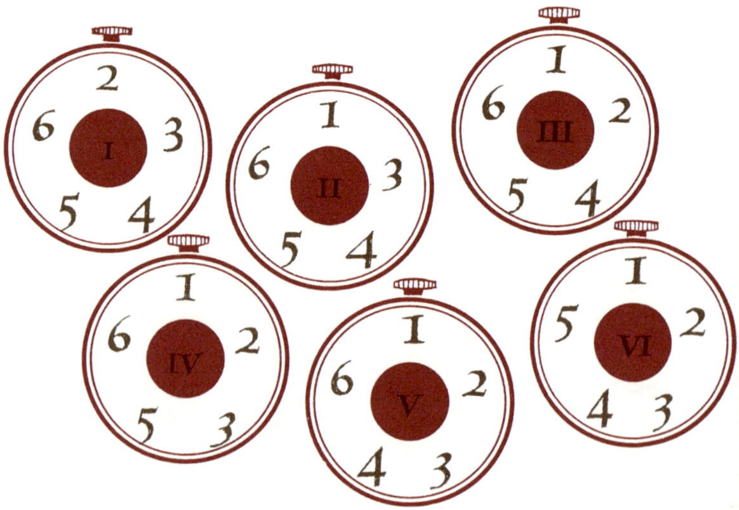

Gut Bein und Gut Holz!

Bei diesen Spielen braucht man einen Würfel und Streichhölzer.

Blume und Holz

1 Würfel, Tisch und Kreide (oder Papier und Filzstifte), Streichhölzer

In die Mitte des Tisches kommt die Zeichnung einer Blume mit fünf Blütenblättern. Jeder Spieler erhält sieben Streichhölzer. Der erste Spieler darf in jedes Feld, dessen Zahl er würfelt, eines seiner Hölzer legen, und er darf so lange würfeln und die Zahl seiner Hölzchen vermindern, bis er ein Feld würfelt, auf dem schon ein Streichholz liegt. Da nimmt er das Hölzchen aus dem Feld heraus und gibt den Würfel weiter. Aus dem Blumenherz, dem Sechserfeld, werden die Marken nicht herausgenommen: wer eine 6 würfelt, wird in jedem Fall ein Hölzchen los. Sieger ist, wer kein Streichholz mehr hat.

Holzverschiebung

1 Würfel, Streichhölzer

Jeder Spieler erhält zwölf Streichhölzer, die er so schnell wie möglich zu seinem linken Nachbarn weiterschieben möchte. Es wird reihum gewürfelt; bei jedem Wurf darf man so viele Hölzer nach links weitergeben, wie man Augen gewürfelt hat. Würfelt man mehr Augen, als man noch Streichhölzer hat, so kann man nichts verschieben und muß so lange warten, bis man einmal genau die Augenzahl würfelt, die den eigenen Hölzern entspricht. Wer als erster kein Holz mehr hat, hat gewonnen; die andern spielen weiter, bis einer allein den ganzen Holzberg vor sich liegen hat: das ist der Verlierer.

Holzverteilung

1 Würfel, Streichhölzer

Jeder Spieler erhält drei Streichhölzer – wenn das Spiel länger dauern soll, können es auch vier oder fünf sein. Wie bei der Holzverschiebung kommt es darauf an, möglichst rasch alle Hölzer loszuwerden. Diesmal zählen nur die Würfel mit 1, 2 oder 3 Augen; wer eine höhere Augenzahl hat, kann in dieser Runde kein Holz verteilen. Würfelt man eine 1, so teilt man dem linken Nachbarn ein Hölzchen zu, würfelt man eine 2, bekommt der rechte Nachbar eins, und bei einer 3 legt man ein Streichholz in die Mitte auf den großen Holzplatz. Verlierer ist, wer das letzte Hölzchen mit seiner 3 in die Mitte legen muß.

Spiele mit zwei Würfeln

Elf hoch

2 Würfel, Spielmarken

Bei diesem Spiel ist die 11 die beste Zahl, die 12 – ausnahmsweise – die schlechteste.
Zu Beginn zahlt jeder Spieler fünf Marken in die Kasse in der Mitte des Tisches. Dann wird reihum mit zwei Würfeln gewürfelt. Wer eine 11 hat, erhält 11 Marken aus der Kasse, wer eine 12 hat, zahlt 11 Marken ein. Wer eine andere Augenzahl würfelt, muß so viel an die Kasse zahlen, wie ihm zur 11 fehlt. (Wer also z. B. eine 5 würfelt, zahlt 6 Marken an die Kasse.)

Schluck, Hansl, Schluck

2 Würfel, Tisch und Kreide (oder Papier und Filzstift), Spielmarken

Dieses Spiel gehört an bayerische Wirtshaustische, wie der Name schon verrät. Man kann es aber auch anderwärts spielen, ohne daß es um eine feuchte Runde oder um Geld gehen muß. Der Hansl wird auf den Tisch (oder das Papier) gemalt, dann erhält jeder Spieler vier Spielmarken. Es wird reihum gewürfelt, die Augenzahlen werden zusammengezählt, und man muß bei jedem Wurf eine Marke auf das Feld setzen, dessen Augenzahl man gewürfelt hat, oder darf die dort liegende Marke wegnehmen. Wer eine 7 würfelt, legt sie dem Hansl in den Bauch und bekommt nichts heraus. Wer all sein Geld gesetzt hat, scheidet aus, und am Ende bleibt nur noch einer übrig, der bis zuletzt Spielmarken hatte: er darf den ganzen Hansl abkassieren.

12
9
7
11
8
5
6
10
4
1
2
3

Glückshaus

2 Würfel, Tisch und Kreide (oder Papier und Filzstift), Spielmarken

Dieses alte Spiel wurde im Mittelalter auf schön ausgemalten Spielbrettern gespielt – wer also Talent zum Malen hat, kann das Glückshaus mit allerlei Figuren beleben. Die andern malen das nebenstehende Haus auf den Tisch oder auf einen großen Bogen Papier.

Jeder Spieler würfelt in jeder Runde einmal mit beiden Würfeln, die Augen werden zusammengerechnet. Wer 3, 4, 5, 6, 8, 9, 10 oder 11 würfelt, legt eine Marke in das vorgeschriebene Feld oder kassiert die Marke ein, die dort schon liegt. Die 7 ist das Hochzeitsfeld – wer eine 7 würfelt, kann immer nur einzahlen, aber nichts aus dem »Brautschatz« herausnehmen. Wer eine 2 würfelt, hat »Schwein«. Er braucht nichts einzuzahlen, sondern darf das ganze Spielfeld abräumen, nur nicht das Hochzeitsfeld 7. Wer eine 12 würfelt, ist König. Er darf das Hochzeitsfeld leeren. Und Verlierer ist, wer kein Geld mehr hat.

Finke rupfen

2 Würfel, Tisch und Kreide (oder Papier und Filzstift), Spielmarken

Nicht ganz so alt wie das Glückshaus ist die Finke oder Pinke, ein Landsknechtsspiel. Sie wird groß auf den Tisch oder aufs Papier gezeichnet. Jeder Spieler erhält mindestens fünfundzwanzig Spielmarken. Man setzt eine Spielmarke auf das Feld, dessen Zahl man gewürfelt hat. Würfelt man ein Feld, das schon besetzt ist, darf man es »rupfen« und weiter würfeln und kassieren, bis man an ein leeres Feld kommt. Dann heißt es, eine Spielmarke einsetzen und den Würfel weitergeben. Die 7 ist das »Stockhaus«, sie darf man nicht rupfen. Wer eine 2 oder eine 12 würfelt, darf die ganze Finke rupfen, auch das Stockhaus. Wenn sein Nachbar nun ebenfalls eine 2 oder eine 12 würfelt, muß er die ganze Finke neu besetzen.

Papst und Nachbar

2 Würfel und Spielmarken

Bei diesem Spiel zählen nur die Zahlen 2 und 6, doch werden sie sowohl als Augenzahlen eines Würfels wie auch durch Zusammenzählen beider Würfel angerechnet. Beispiel: Anton wirft 1 und 1 = 2. Berta wirft 2 und 5: die 2 wird gerechnet. Cäsar wirft 6 und 2: sowohl die 6 als auch die 2 werden gerechnet. Dora wirft 2 und 4: sowohl die 2 als auch die 6 (aus 2 + 4) werden gerechnet. Wer eine 2 würfelt, gibt seinem linken Nachbarn eine Spielmarke, wer eine 6 würfelt, zahlt eine Marke an den »Papst«, das ist die Kasse in der Mitte des Tisches. Wer eine 2 und eine 6 würfelt, muß an Papst und Nachbar zahlen, und wer einen Pasch wirft, darf noch einmal würfeln. Das Spiel endet, wenn nur noch ein Spieler Marken hat. Er muß nun so lange würfeln, bis er entweder eine 2 würfelt: dann zahlt er eine Marke an seinen Nachbarn, und es kann weitergespielt werden, oder bis er eine 6 würfelt: dann darf er den »Papst« ausrauben, und die ganze Kasse gehört ihm. Wer einen Doppelpasch wirft, d. h. zweimal hintereinander ein Pasch, der darf ebenfalls als Papsträuber die Kasse ausräumen und das Spiel beenden.

Magische Sieben

Die Sieben behält auch im Würfelspiel die magische Kraft, die ihr seit alters zugeschrieben wird. Bei »Glückshaus« und »Pinke« sammelt sich auf der Sieben das Geld, und auch in vielen andern Spielen ist sie die »besondere« Zahl, die Glück oder Pech mit sich bringt.

Teure Sieben

2 Würfel, Tisch und Kreide (oder Papier und Filzstift), Spielmarken

Zunächst wird der Zahlenkreis aufgemalt. Dann wird reihum gewürfelt. Jeder Spieler setzt eine Marke auf die Zahl, die er gewürfelt hat, oder nimmt die Marke an sich, die dort schon liegt. Wer ein Pasch würfelt (mit beiden Würfeln die gleiche Zahl), der rechnet nur die Augen des einen Würfels, bei einem Fünferpasch also nur 5, und darf dann noch einmal würfeln. Wer eine 7 würfelt, der muß auf jede Zahl des Kreises eine Marke setzen, auch wenn dort schon Marken liegen. Wer eine 12 würfelt, darf den ganzen Spielkreis abkassieren.

Lustige Sieben

2 Würfel, Tisch und Kreide (oder Papier und Filzstift), Spielmarken

Dieses Spiel erinnert ein wenig an Roulette: auch hier wird in jeder Runde ein Einsatz gemacht, und ein »Bankier« spielt die Rolle des Croupiers im Spielsaal.
Zunächst wird die Spielfigur auf den Tisch oder das Papier gezeichnet. Jeder Spieler hat mindestens zwanzig Spielmarken, auch der eine, der zum Bankier ausersehen ist. Er allein darf würfeln und die 7, die Kasse, verwalten.
Zu Beginn jeder Runde setzt jeder Spieler eine beliebige Zahl von Spielmarken auf eine Zahl. Wirft nun der Bankier eine der rechts stehenden Zahlen, so darf er alle Einsätze auf der rechten Seite kassieren und muß die linken Einsätze verdoppeln; wirft er eine Zahl auf der linken Seite, so geht es umgekehrt. Wirft er eine 7, so muß er den dort stehenden Einsatz verdreifachen, darf aber alle Marken von den Zahlen rechts und links einstreichen.

Böse Sieben

2 Würfel, Papier und Stift

Jeder Spieler hat einen Zettel, auf dem die Zahlen 2 bis 12 aufgeschrieben sind, die 7 fehlt jedoch. Der erste Spieler würfelt mit beiden Würfeln, und bei jedem Wurf streicht er die Zahl aus, die er gewürfelt hat, bis er eine Zahl erwischt, die schon gestrichen ist. Dann gibt er die Würfel weiter. Der nächste Spieler verfährt genauso, doch wird ihm zuerst die Zahl gestrichen, die sein Vorgänger als letztes gewürfelt hat. Wer eine 7 würfelt, muß auf seinem Zettel sieben Zahlen der Reihe nach streichen. Verloren hat, wessen Zahlen zuerst ausgestrichen sind.

Spiele mit drei Würfeln

Pasch und Sequenz

3 Würfel

Wenn man mit drei Würfeln spielt, ergeben sich ganz neue Spielmöglichkeiten: Pasche und vor allem Sequenzen. Sie bilden den Grundstock der »großen« Würfelspiele, die mit fünf oder sechs Würfeln gespielt werden und selbst eingeschneite Hüttenbesatzungen über Tage in Spannung und bei guter Laune halten können. Doch hier zunächst die Erklärung der Grundformen:

Pasch ist immer ein Wurf, bei dem zwei (oder noch mehr) Würfel die gleiche Augenzahl aufweisen, z. B. 2 und 2, 5 und 5. Wird mit mehr als zwei Würfeln gespielt, ist auch ein Wurf 2, 2, 4 noch ein Pasch, da ja zwei Würfel die gleiche Augenzahl aufweisen.

Sequenz ist ein Wurf mit mindestens drei in direkter Folge hintereinander liegenden Zahlen, also 1, 2, 3 oder 2, 3, 4 oder 3, 4, 5 oder 4, 5, 6.

Pasch

3 Würfel, Papier und Bleistift

Es wird reihum mit drei Würfeln gewürfelt, dabei werden nur die Pasche gezählt. Wer also z. B. 4, 4, 6 würfelt, erhält 8 angeschrieben, die 6 wird nicht gerechnet, ebenso werden Würfe ohne Pasch nicht gewertet. Ein Dreierpasch wird vierfach angerechnet, also z. B. für 5, 5, 5 werden 20 gutgeschrieben. Sieger ist, wer zuerst 100 Punkte (oder eine andere festgesetzte Zahl) erreicht hat.

Sequenz

3 Würfel

Jeder Spieler darf in jeder Runde dreimal würfeln und muß dabei versuchen, eine Sequenz zu erzielen. Bei jedem Wurf darf man einen oder zwei Würfel liegen lassen. Gewonnen hat, wer die höchste Sequenz in der Runde erzielt.
Beispiel: Erster Wurf 2, 5, 6: 5 und 6 werden liegengelassen.
Zweiter Wurf 3: wird nicht liegengelassen.
Dritter Wurf 4: die Sequenz ist nun vollständig (4, 5, 6), und es ist zugleich die höchstmögliche Sequenz.
Oder: Erster Wurf 2, 3, 6: die 6 wird liegengelassen, leider. (Besser wäre 2 und 3).
Zweiter Wurf 1, 5: die 5 wird liegengelassen.
Dritter Wurf 2: es ist keine Sequenz entstanden.

Pasch – Sequenz – und keins von beidem

3 Würfel, Papier und Bleistift

Hier werden die Anforderungen raffiniert gesteigert. Wieder wird in jeder Runde dreimal gewürfelt. Beim ersten Wurf zählen nur die Augen, die man in einem Pasch erzielt, beim zweiten werden nur die Augen aus einer Sequenz angerechnet, und beim dritten werden nur Augen gezählt, wenn weder Pasch noch Sequenz gefallen sind. Rundensieger ist, wer die meisten Augen erzielt hat.

Siebzehn und vier

3 Würfel

Dreimal muß man, aber man muß nicht mit allen . . .
Jeder Spieler muß dreimal hintereinander würfeln und dabei so nahe wie möglich an 21 zu kommen versuchen. Hat er beim ersten Wurf schon eine hohe Augenzahl geworfen, z. B. 15, so braucht er für den nächsten Wurf nicht mehr alle Würfel zu nehmen, sondern kann es auch mit einem oder zweien versuchen. Kommt er dabei über 21, so ist er »tot«. Rundensieger ist, wer die 21 genau erreicht hat, oder wer ihr am nächsten gekommen ist.

Todessprung

3 Würfel

Die tödliche Klippe ist die 66. Es wird reihum gewürfelt, die Augenzahlen aller Spieler werden immer weitergezählt, bis ein Spieler mit seinem Wurf die 66 erreicht oder überschreitet. Er ist die Klippe hinuntergesprungen. Die übrigen fangen von vorn an, bis nur noch der Sieger das grausame Spiel überlebt hat.

Rechenkunst

3 Würfel, Papier und Bleistift

Man spielt mit drei Würfeln in vier Runden und notiert bei jeder Runde die Augenzahl jedes Spielers. Dann geht es ans Rechnen: die Zahlen des ersten und des zweiten Wurfs werden zusammengezählt, das Ergebnis wird mit der Zahl des dritten Wurfs malgenommen und diese Summe dann durch die Zahl des vierten Wurfs geteilt, also
$(a + b) \cdot c : d$.

Beispiel:	Rechnung:
Erster Wurf 11	
Zweiter Wurf 5	$11 + 5 = 16$
Dritter Wurf 7	$16 \cdot 7 = 112$
Vierter Wurf 8	$112 : 8 = 14$
Ergebnis: 14	

Sieger ist der Spieler mit dem höchsten Ergebnis – oder der, dem eine glatte Rechnung ohne Rest gelungen ist!

Vogel Strauß

3 Würfel, Tisch und Kreide (oder Papier und Stifte)

Bei diesem Spiel geht es ähnlich zu wie beim Läusespiel (S. 184), nur werden diesmal drei Würfel eingesetzt, und das Ergebnis soll etwas Erfreulicheres werden als eine Laus, nämlich ein Vogel. Ob es am Ende eher ein Strauß oder ein Storch geworden ist, tut nichts zur Sache – Sieger ist, wer zuerst seinen Vogel komplett hat. Es wird mit drei Würfeln reihum gewürfelt: wer eine 1 hat, darf ein Stück an seinem Vogel malen, bei der nächsten 1 zeichnet er weiter und so fort bis zum Schwanz. Mit dem nächsten Wurf entscheidet sich dann, wie viele Schwanzfedern der Vogel bekommt. Gezeichnet wird in folgender Reihenfolge: Körper, Kopf, Auge, Halsoberseite, Halsunterseite, Schnabeloberseite, Schnabelunterseite, 1. Bein, 2. Bein, 1. Fuß, 2. Fuß. Hat der dann folgende Wurf z. B. 8 Augen, so erhält der Vogel acht Schwanzfedern.

Max und Moritz *3 Würfel, 2 Schachteln Streichhölzer*

Dieses Spiel aus Urgroßmutters Spielkiste sollte nicht in Vergessenheit geraten. Es macht zwar einen ziemlich komplizierten Eindruck, doch lohnt es sich, wenn man einmal darangeht, es zu lernen. Es ist wirklich ein Spiel für die ganze Familie, bei dem auch kleinere Kinder gut mitmachen können. Ihnen kommt dabei ihr zumeist ausgezeichnetes optisches Gedächtnis zugute, so daß sie die Werte der einzelnen Figuren schneller behalten als die Erwachsenen.
Dies sind die Spielregeln: Die Streichhölzer werden in die Mitte des Tisches geschüttet. In der ersten Hälfte des Spiels werden sie ausgewürfelt, bis alle Hölzchen verteilt sind. Dabei erhält in jeder Runde der Spieler, der den niedrigsten Wert gewürfelt hat, so viele Streichhölzer, wie in dieser Runde von einem Teilnehmer als Höchstwert erwürfelt worden sind. In der zweiten Hälfte des Spiels geht es darum, die Streichhölzer möglichst als erster alle wieder loszuwerden. Hier hat jeder Spieler in jeder Runde drei Würfe. Ablegen kann in jeder Runde nur der Spieler, der den höchsten Wert erwürfelt hat. Jeder Spieler kann selbst entscheiden, ob sein erster Wurf gelten soll oder ob er es noch mit einem zweiten oder einem dritten versuchen will. Sieger ist, wer als erster kein Hölzchen mehr hat.
Die Bedeutung jedes Wurfes ist in einer Tabelle festgelegt. Sie hat folgendes Schema: Zweimal 1 ist »Max und Moritz«, ein Wurf, der je nach der Augenzahl des dritten Wurfs verschieden viele Streichhölzer gilt (s. Tabelle).
Ein Dreierpasch (dreimal die gleiche Augenzahl) gilt drei Streichhölzer, mit Ausnahme von 1, 1, 1 (s. Tabelle).
Jede Sequenz (direkte Abfolge von Augenzahlen) gilt zwei Streichhölzer.

Goldonkel = 15 Streichhölzer

Motten = 11 Streichhölzer

Schwaben = 10 Streichhölzer

Jule = 9 Streichhölzer

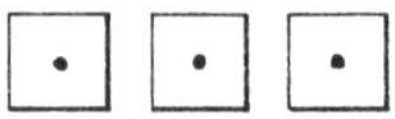
Max und Moritz mit sieben
= 7 Streichhölzer

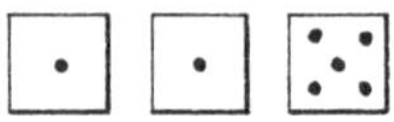
Max und Moritz mit sieben
= 5 Streichhölzer

Vierpasch = 3 Streichhölzer

Sequenz = 2 Streichhölzer

Sechs einundfünfzig = Hausnummer
= 1 Streichholz

Sechs zweiunddreißig = Hausnummer
= 1 Streichholz

Fünf dreiundfünfzig = Hausnummer
= 1 Streichholz

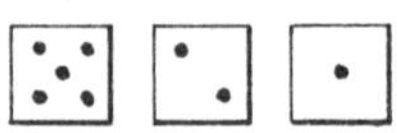
Fünf einundzwanzig = Hausnummer
= 1 Streichholz

Vier dreiunddreißig = Hausnummer
= 1 Streichholz

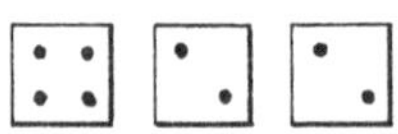
Vier zweiundzwanzig = Hausnummer
= 1 Streichholz

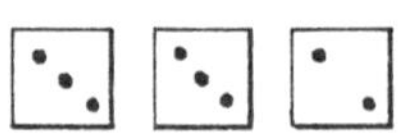
Drei zweiunddreißig = Hausnummer
= 1 Streichholz

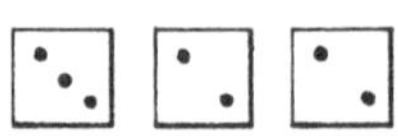
Drei zweiundzwanzig = Hausnummer
= 1 Streichholz

Außerdem gibt es noch eine Reihe von »Hausnummern« (s. Tabelle), die ein Streichholz wert sind. Tauchen in einer Runde mehrere Hausnummern auf, so hat die höchste Zahl den Vorrang.

Beispiel: Anton würfelt 3, 4, 5, also eine Sequenz; sie gilt 2.
Berta würfelt 2, 2, 4, eine Hausnummer; sie gilt 1.
Cäsar würfelt 1, 2, 2, die Motten; sie gelten 11.
Dora würfelt 1, 1, 5, Max und Moritz mit Fünfen; gilt 5 Streichhölzer.
In dieser Runde erhält Berta (niedrigste Zahl) elf Hölzer (höchste gewürfelte Zahl).
Beispiel aus der zweiten Spielhälfte: Anton würfelt die Jule, Berta eine Hausnummer, Cäsar eine Sequenz, Dora die Schwaben: sie darf zehn Hölzchen ablegen.

Zellenfenster, Bauernfenster, Kirchenfenster

3 Würfel

Der Name dieser Spiele ist von dem Bild abgeleitet, das die Augen auf dem Würfel bieten:

Zellenfenster Bauernfenster Kirchenfenster.

Es wird vereinbart, um welche Fenster gespielt wird, und dann zählen entweder nur die Zweien, die Vieren oder die Sechsen. Ein Pasch wird mit der doppelten Augenzahl angerechnet. (Beliebtes Spiel zum Ausknobeln einer Runde.)

Alle Fenster

3 Würfel, Papier und Bleistift

In der ersten Runde werden nur die Zellenfenster (Zweien), in der zweiten Runde nur die Bauernfenster (Vieren), in der dritten nur die Kirchenfenster (Sechsen) gutgeschrieben. Gewonnen hat, wer nach der dritten Runde die meisten Fenster (Punkte) erwürfelt hat.

Fünf Finger

3 Würfel

Jeder darf mit 3 Würfeln zehnmal würfeln. Die Augenzahl wird bei jedem Wurf zusammengezählt. Wer mit den wenigsten Würfen eine 5 erwischt, hat gewonnen.

Spiele mit fünf oder gar sechs Würfeln

Groß-Kamerun

5 Würfel, Papier und Bleistift

Dies ist die Krone aller Würfelspiele, meine ich, weil es nicht nur Glück erfordert, sondern auch beständig Entscheidungen verlangt. Wer dank einer ausgefeilten Taktik die richtigen Entscheidungen trifft, kann damit dem Glück ein gutes Stück nachhelfen.
Man spielt neun Runden mit fünf Würfeln, in jeder Runde kann man dreimal würfeln. Dabei kann man auf Zahlen würfeln, d. h. möglichst viele Würfel der gleichen Augenzahl zu bekommen versuchen, oder auf Volles Haus, Klein-Kamerun oder Groß-Kamerun. Nach dem dritten Wurf wird das jeweilige Ergebnis in eine Liste (s. u.) eingetragen. Keine Spalte kann zweimal besetzt werden.

	Anton	Berta	Cäsar
1	3	2	4
2	6	8	10
3	9	3	9
4	4	12	16
5	25	20	15
6	18	30	30
Volles Haus	—	41	14
Klein-Kamerun	25	—	25
Groß-Kamerun	50	50	—
	140	166 Sieger	123

Nach dem ersten Wurf gilt es zu entscheiden, für welche Sparte man spielen will; dementsprechend läßt man die passenden Würfel liegen und versucht, das Ergebnis mit dem zweiten und dritten Wurf noch zu verbessern. Man kann auch nach dem zweiten Wurf noch die Taktik ändern und ärgerlich alle Würfel wieder einsammeln in der Hoffnung, mit dem dritten Wurf das große Glück zu erringen.

Volles Haus: je zwei und drei Würfel weisen die gleiche Augenzahl auf. Dann wird die Augenzahl der drei gleichen Würfel für die Zehner eingesetzt, die Augenzahl der zwei gleichen Würfel für die Einer, also 1, 1, 1, 4, 4 = 14, aber 1, 1, 4, 4, 4 = 41.
Klein-Kamerun: die Sequenz von 1 bis 5; sie gilt 25.
Groß-Kamerun: die Sequenz von 2 bis 6; sie gilt 50.

Es kann ohne weiteres geschehen, daß ein Spieler in einem Spiel (also in neun Runden) kein Volles Haus oder kein Klein- oder Groß-Kamerun erzielt. Das kann am fehlenden Glück, aber auch an der falschen Taktik liegen.

Beispiel:
Erster Wurf 2, 3, 3, 4, 4: Spieler hofft auf Volles Haus und läßt 3, 3, 4, 4 stehen.
Zweiter Wurf 5: nichts.
Dritter Wurf 3: ein bescheidenes Volles Haus: 35 Punkte.
Oder:
Erster Wurf 1, 2, 3, 6, 6: Spieler hofft auf Klein-Kamerun und läßt 1, 2, 3 stehen.
Zweiter Wurf 4, 6: 4 bleibt stehen.
Dritter Wurf 2: Klein-Kamerun ist nicht zustandegekommen, Spieler läßt zwei Zweien = 4 eintragen.

Die Reise nach Amerika

6 Würfel

Es wird mit sechs Würfeln so lange gewürfelt, bis die Reihe von 1 bis 6 »steht«: das ist die Ankunft in Amerika. Für die Rückreise muß man die Würfel in der Reihenfolge von 6 bis 1 aufstellen. Wer für Hin- und Rückreise die wenigsten Würfe braucht, hat das Rennen gewonnen und ist Sieger.

Beispiel für die Hinreise:
Erster Wurf 1, 3, 3, 5, 5, 6: nur die 1 bleibt stehen
Zweiter Wurf 1, 2, 2, 3, 6: 2 und 3 bleiben stehen
Dritter Wurf 1, 4, 6: 4 bleibt stehen
Vierter Wurf 5, 5: 5 bleibt stehen
Nun muß mit dem letzten Würfel so lange gewürfelt werden, bis man eine 6 hat.
Beispiel für die Rückreise:
Erster Wurf 1, 3, 3, 5, 5, 6: 6 und 5 bleiben stehen
Zweiter Wurf 1, 2, 2, 3: nichts bleibt stehen
Dritter Wurf 2, 4, 6, 6: 4 bleibt stehen
Vierter Wurf 1, 3, 3: 3 bleibt stehen
Fünfter Wurf 1, 2: die Rückreise ist beendet

Siebengebirge

6 Würfel

In jeder Runde kann jeder Spieler dreimal würfeln; wer dabei die besten Siebener erreicht, ist Rundensieger.
Es gilt, möglichst viele Siebener zusammenzustellen.

Beispiel:
Erster Wurf 2, 3, 5, 5, 6, 6: ein Siebener, nämlich 2 + 5
Zweiter Wurf 1, 2, 4, 6: noch ein Siebener, nämlich 1 + 6
Dritter Wurf 4, 5: Gesamtergebnis zwei Siebener und 9 (4 + 5)
Es wird also zu den zwei Siebenern noch die Zahl der übrigen zwei Würfel hinzugerechnet. Dabei ist »Zwei Siebener und 12« das beste Ergebnis. Noch besser sind drei Siebener, und am besten ist das »Siebengebirge«: zwei Siebener und ein Einerpasch (zwei Einsen). Wer beim dreimaligen Würfeln keinen oder nur einen Siebener erreicht, hat sich dem Siebengebirge nur ganz von fern genähert und erhält keine Augenzahl angerechnet.

Chicago mit Sechsen

6 Würfel, Papier und Bleistift

Dies Spiel kann mit drei oder mit sechs Würfeln gespielt werden. Immer gilt: 1 zählt 100, 6 zählt 60; wer zwei Sechsen würfelt, kann eine umdrehen, so daß er noch eine 1 = 100 erhält. Jeder Spieler kann in jeder Runde sechsmal würfeln, danach wird sein Ergebnis aufgeschrieben; wer zuerst 2000 erreicht hat, oder wer nach zehn Runden die meisten Punkte hat, ist Sieger.

Beispiel:	Erster Wurf 1, 2, 3, 3, 5, 6: 1 bleibt stehen	= 100
	Zweiter Wurf 1, 3, 4, 6, 6: 1 bleibt stehen, eine 6 wird gedreht	= 200
	Dritter Wurf 4, 4, 6: 6 bleibt stehen	= 60
	Vierter Wurf 4, 5: nichts	
	Fünfter Wurf 4, 6: 6 bleibt stehen	= 60
	Sechster Wurf 3: beim letzten Wurf wird die 3 angerechnet	= 3
	Ergebnis	= 423

Killiman

6 Würfel, Papier und Bleistift

Wer Herr Killiman war, ist nicht überliefert. Vielleicht handelt es sich bei diesem Namen um eine Verballhornung von »Kilimandscharo«, da doch die Würfelspiele eine Vorliebe für exotische Namen haben. Auf jeden Fall handelt es sich um ein Spiel mit sechs Würfeln, das in acht Runden gespielt wird und bei dem man in jeder Runde dreimal würfeln kann. Wichtig ist, daß ein Mitspieler in genauen Tabellen alle Ergebnisse festhält. In der ersten Runde wird auf Einsen gewürfelt: alle gewürfelten Einsen läßt man stehen, und wer Glück hat, erreicht mit seinen drei Würfen sechs Einsen. Dann werden ihm sechs Punkte gutgeschrieben. In der zweiten Runde spielt man auf Zweien, hier wäre der höchstmögliche Punktgewinn $6 \cdot 2 = 12$.

In der dritten Runde spielt man auf Dreien, in der vierten auf Vieren, in der fünften auf Fünfen, in der sechsten auf Sechsen. Die siebente Runde heißt »Augenzahl«: da versucht man, mit den drei Würfen eine möglichst hohe Augenzahl zu erzielen. Zweckmäßigerweise läßt man also beim ersten und beim zweiten Wurf alle Fünfer und Sechser stehen, um ein möglichst hohes Ergebnis zu bekommen.
Die achte Runde ist der »Killiman«: da soll die Sequenz von 1 bis 6 erwürfelt werden. Gelingt das mit dem ersten Wurf, werden 40 gutgeschrieben, gelingt es mit dem zweiten oder dritten Wurf, erhält man 30 Punkte.
Auch hier ist derjenige Sieger, der am Ende die meisten Punkte hat.

	Anton	Berta	Cäsar
1	3	5	4
2	6	12	10
3	15	9	6
4	20	24	16
5	15	30	10
6	6	18	36
Augenzahl	33	28	30
Killiman	40	30	—
	138	156 Sieger	112